Upchar Lutz Levi

Die zwölf Kräfte

Für alle meine Weggefährten

Upchar Lutz Levi

Die zwölf Kräfte

Eine Reise zu den männlichen Archetypen der Seele

Titel des Buches: Die 12 Kräfte –
Eine Reise zu den männlichen Archetypen der Seele
Autor & Herausgeber: Upchar Lutz Levi
ISBN: 978-3-7693-9799-4

Verantwortlich für den Inhalt:
Upchar Lutz Levi
Deuschlstr. 11, 85567 Grafing
E-Mail: info@upchar.de
Web: www.upchar.de
Copyright & Gestaltung:
© 2025 Upchar Lutz Levi
Verlag: BoD · Books on Demand GmbH,
In de Tappen 42, 22848 Norderstedt, bod@bod.de
Druck: Libri Plureos GmbH,
Friedensallee 273, 22763 Hamburg

Die automatisierte Analyse des Werkes, um daraus Informationen insbesondere über Muster, Trends und Korrelationen gemäß §44b UrhG („Text und Data Mining") zu gewinnen, ist untersagt.

Haftungsausschluss:
Dieses Buch dient der Inspiration und persönlichen Entwicklung. Es ersetzt keine medizinische, psychologische oder rechtliche Beratung. Jeder Leser ist für seine eigene Interpretation und Umsetzung der Inhalte selbst verantwortlich.

Bibliografische Information:
Die Deutsche Nationalbibliothek verzeichnet diese Publikation in der Deutschen Nationalbibliografie. Detaillierte Informationen sind abrufbar unter: http://dnb.dnb.de

Inhaltsverzeichnis:

Vorwort

Im Jahr 2012 hatte ich die besondere Gelegenheit, meine damalige Lebenspartnerin bei einem Projekt zu begleiten, das mich tief berührt hat. Es handelte sich um eine Gruppe von sieben Frauen, die archetypische, weibliche Kräfte (nach Carolyn Hillyer) belebt, illustriert und in einer kreativen Mischung aus Schauspiel, Tanz, Musik und Erzählung auf die Bühne gebracht hat. Diese Performance war weit mehr als nur ein Bühnenstück. Sie sprach die Zuschauer tief in ihrer Seele an – Männer wie Frauen gleichermaßen – und hinterließ einen bleibenden Eindruck.

Inspiriert von dieser Erfahrung begann ich, und ebenso einige Männer in meinem Umfeld, die Frage nach den archetypischen Kräften des männlichen Prinzips zu stellen: Was sind eigentlich die Energien, die das Wesen des Männlichen in seiner Tiefe ausmachen? Und aus dieser Frage wurde eine Reise. Was mit Berührtheit und Neugier begann, entwickelte sich schnell zu einem intensiven und transformativen Prozess.

Zunächst arbeitete ich über ein Jahr lang eng mit meinem Freund Michael zusammen, einem sensiblen Heilpraktiker, der sich auf systemische Aufstellungen und Osteopathie spezialisiert hat. Monat für Monat trafen wir uns, tauschten unsere Inspirationen aus und besprachen unsere Erkenntnisse. Ich unternahm Reisen in die feinstoffliche Dimension der männlichen Archetypen. Durch eine Form des Channelings erschloss ich die zwölf Kräfte – jede mit ihrem eigenen Namen und ihrer einzigartigen Wesensqualität. Michael nutzte seine Erfahrung mit verdeckten Aufstellungen, um die empfangenen Informationen zu bestätigen und zu vertiefen.

Am Ende des Jahres, als das Grundgerüst der zwölf Kräfte manifestiert war, öffneten wir unsere monatlichen Treffen für einen größeren Kreis von Männern. Gemeinsam wollten wir die Kräfte erfahrbar machen, ohne vorgefertigte Vorgaben, sondern durch einen offenen, kreativen Prozess (Open Space). Wir hatten das Glück, einen besonderen Raum nutzen zu dürfen: den Lichtsaal in Grafing bei München. Mit seiner wohligen Weite und ausgestattet mit Musikinstrumenten, Staffeleien und anderen kreativen Elementen, bot dieser Ort den idealen Gestaltungs- und Wachstumsraum, um die Kräfte auf eine spielerische, intuitive und verrücktlebendige Weise zu beleben und zu erforschen.

Jeder Mann brachte seine eigene Geschichte, seine Erfahrungen und Potenziale ein. Monat für Monat begegneten wir einer der Kräfte, öffneten uns für ihre Botschaft und ließen ihre Essenz durch uns wirken. Aus dieser intensiven Arbeit entstand ein fester Kreis von sieben Männern, die über zehn Jahre hinweg mit Leidenschaft und Hingabe diesen Weg weitergingen.

In all diesen Jahren haben uns die zwölf Kräfte begleitet – durch Höhen und Tiefen, durch Phasen der Krise, Transformation und Befreiung. Sie wurden für uns zu einer tiefen Quelle der Erkenntnis, der Inspiration und der Führung. Jede Begegnung mit den Kräften war einzigartig, und doch hatten sie eines gemeinsam: Sie öffneten uns Türen zu den Tiefen unserer Seele, weckten Dankbarkeit und Staunen über das, was durch uns geboren wurde.

Mit diesem Buch ist nun der Moment gekommen, den Kreis noch weiter zu öffnen und das Wissen und die Weisheit der zwölf Kräfte all jenen zugänglich zu machen, die sich von ihnen angezogen fühlen. Es ist eine Einladung, die Kräfte so zu erfahren, wie wir es getan haben: als lebendige, kreative Energien, frei von Erwartungen oder Vorgaben, mit der Offenheit, sich von jedem Moment aufs Neue überraschen und inspirieren zu lassen.

Jedes Kapitel beginnt an dem Punkt der ersten Begegnung mit den Kräften, bei den gechannelten Texten, die es dir ermöglichen, dich einfach fallen zu lassen, einzulassen und ihre Bedeutung für dein eigenes Leben auf ganz persönliche Weise zu entdecken.

Ich wünsche dir eine inspirierende und bereichernde Reise in die Welt der zwölf Kräfte…

Upchar Lutz Levi
Dezember 2024

Danke

In Verbundenheit und Dankbarkeit an unseren Kreis der Sieben

Danke, Cos,
für dein väterliches Halten und Tragen des Prozesses,
in leichten wie in schweren Zeiten

Danke, Lutz,
für dein Feingefühl und deine ungebrochene Zuwendung
in jeder Begegnung

Danke, Michael,
für deine Loyalität und deine Beharrlichkeit,
alle Zweifel immer wieder ins Licht zu führen

Danke, Stefan H.,
für deine unermüdliche Penetranz,
alles immer wieder aufs Neue infrage zu stellen

Danke, Stefan L.,
für deine musische Inspiration,
die die Kreativität der ganzen Gruppe beflügelt hat

Danke, Tilmann,
für deine Verbindlichkeit und Hingabe,
dem Kreis und dem Größeren zu dienen.

„Es brummt so bärig in mei'm Bauchgefühl... :)"

Einleitung: Die Einladung zur Reise

1. Der Ruf aus der Tiefe

Es gibt Momente im Leben, in denen wir uns selbst fragen: *„Bin ich wirklich der, der ich sein könnte?"* Diese Frage kann leise sein, ein Flüstern, das uns in stillen Stunden erreicht. Oder sie kann wie ein Sturm sein, der unser bisheriges Leben durcheinanderwirbelt. Sie kommt oft in Zeiten der Unsicherheit, wenn wir spüren, dass das Alte nicht mehr reicht, um das Neue zu tragen.

Dieses Buch ist eine Antwort auf diesen inneren Ruf. Es ist eine Einladung, eine Reise anzutreten – eine Reise zu den zwölf männlichen Urkräften. Diese Kräfte schlummern in jedem von uns, unabhängig von Geschlecht, Alter oder Herkunft. Sie sind zeitlos und gleichzeitig zutiefst persönlich. Sie sind nicht nur ein Spiegel für das, was wir bereits kennen, sondern auch ein Tor zu dem, was wir noch werden können.

Die zwölf Kräfte sind keine starren Formen, keine unveränderlichen Schablonen, die uns in vorgefertigte Rollen drängen. Sie sind lebendige Energien, die durch unser Leben fließen, unsere Entscheidungen lenken, unsere Beziehungen prägen und uns mit einer tieferen Ebene unseres Seins verbinden. Dieses Buch lädt dich ein, diese Kräfte in dir zu entdecken und sie zu deiner eigenen Wahrheit zu machen.

2. Ursprung und Entdeckung der zwölf Kräfte

Die zwölf Kräfte sind nicht aus einem Lehrbuch entstanden. Sie sind das Ergebnis einer langen, tiefen Reise – einer Reise, die durch innere Welten führte, voller Licht und Schatten, voller Fragen und Antworten.

Ihre Wurzeln reichen weit zurück, über die individuelle Erfahrung hinaus, tief hinein in das kollektive Unbewusste. Sie sind universelle Muster, die sich in Mythen, Symbolen und Geschichten widerspiegeln – von den Erzählungen der antiken Helden bis hin zu den Archetypen, die in jeder Kultur der Welt auftauchen. Doch sie bleiben nicht abstrakt oder fern. Diese Kräfte sind spürbar, sie leben in uns, in unseren Handlungen, unseren Träumen und in den Herausforderungen, denen wir uns tagtäglich stellen.

Die Entdeckung dieser Kräfte gehörte zu den magischsten Momenten meines Lebens – jene Augenblicke, in denen ich spürte, mit etwas Größerem verbunden zu sein. Ein ganzes Jahr lang tauchte ich in regelmäßigen medialen Sitzungen in die feinstofflichen Welten ein und begab mich dort auf die Suche.

Dabei führte mich eine innere Vision immer wieder an einen Ort, der wie ein antikes, griechisches Amphitheater aussah. Dieser Ort, erfüllt von zeitloser Weisheit, war eine Schwelle, ein Portal. Dort befand sich das Tor zur Dimension der zwölf Kräfte.

Immer wenn ich durch dieses Tor schritt, begann sich eine Reise zu entfalten, die mich zu den Ursprüngen der Kräfte führte. Jede Kraft zeigte sich mir in ihrer eigenen Zeit und auf ihre ganz individuelle Weise, mit einer Stimme, die direkt zu meinem Innersten sprach. Manche Kräfte offenbarten sich in leuchtenden Bildern und kraftvollen Energien, während andere mich in tiefgründige, symbolische Szenerien entführten. Doch alle waren sie miteinander verwoben und vermittelten mir ein Gefühl von Ganzheit und Verbundenheit.

Die Kräfte erzählten von schöpferischer Macht und von verborgenen Potenzialen, aber auch von den Prüfungen, die uns im Leben begegnen. Sie sprachen von uralten Wahrheiten und von neuen Möglichkeiten, von den tiefen Strömungen des Lebens und den feinen Fäden, die alles miteinander verbinden. Sie offenbarten eine Wirklichkeit, die so reich und vielschichtig war wie das Leben selbst.

3. Die Bedeutung der Kräfte in der heutigen Welt

Unsere Welt verändert sich schneller, als wir es oft begreifen können. Alte Rollenbilder von Männlichkeit und Weiblichkeit lösen sich auf, und neue Wege entstehen. In dieser Zeit des Wandels brauchen wir keine Helden oder Anführer, die uns die Richtung vorgeben. Wir brauchen Menschen, die in ihrer Wahrheit stehen – Männer und Frauen, die authentisch sind, die ihre Kraft kennen und aus dieser Kraft heraus handeln.

Die zwölf Kräfte sind ein Schlüssel zu dieser neuen Art des Seins. Sie helfen uns, das Fragmentierte zu integrieren, das Verborgene ans Licht zu holen und das Potenzial in uns zu entfalten. Sie erinnern uns daran, dass wahre Stärke nicht in Kontrolle oder Dominanz liegt, sondern in Authentizität. Und Authentizität bedeutet hier, den Mut zu haben, uns zu zeigen – mit all unseren Facetten, unseren Wunden und unserer Schönheit.

Über Jahrtausende hinweg wurde die männliche Kraft vielfach missverstanden und missbraucht. Sie diente vor allem dazu, Macht über andere auszuüben, anstatt schöpferisch aus sich selbst heraus zu wirken. Dieses Buch möchte uns dazu anregen, die männliche Kraft aus einer neuen Perspektive zu betrachten: nicht als Werkzeug der Kontrolle, sondern als authentischer Ausdruck unseres wahren Potenzials.

In der Hektik des Alltags, der oft von Oberflächlichkeit und Schnelllebigkeit geprägt ist, sind die zwölf Kräfte ein Ruf aus der Tiefe. Sie möchten uns inspirieren, unser Leben und die Welt um uns herum neu zu entdecken – nicht als Schlachtfeld, auf dem wir kämpfen müssen, sondern als Spielfeld, auf dem wir uns entfalten können.

4. Die Struktur dieses Buches

Dieses Buch ist keine theoretische Abhandlung, die vorgefertigtes Wissen vermittelt. Es ist vielmehr eine lebendige Einladung, dich zu öffnen und einzulassen, die zwölf Kräfte tief in dir selbst zu erkennen und zu erforschen.

Jede Kraft hat ein eigenes Kapitel, das aus zwei harmonisch verbundenen Teilen besteht:

Der erste Teil ist eine sinnliche, erzählerische Reise, die dich direkt in die Erfahrung der jeweiligen Kraft eintauchen lässt. Du wirst die Kraft spüren, ihre Dynamik erleben und ihre Essenz erkennen, als ob sie ein Teil von dir wäre. Dieser Abschnitt spricht vor allem dein Herz, deine Intuition und deine emotionale Welt an.

Der zweite Teil bringt Klarheit und Ordnung. Hier findest du eine logische, gut strukturierte Erklärung, wie diese Kraft in deinem Leben wirkt, was sie bedeutet und wie sie dich unterstützen kann.

Darüber hinaus erhältst du konkrete Ansätze, wie du diese Erkenntnisse in deinen Alltag integrieren kannst.

Die Kombination aus Erleben und Verstehen ermöglicht es dir, die Kräfte nicht nur intellektuell zu erfassen, sondern sie tief in deinem Inneren zu fühlen und in deinem Leben anzuwenden.

Dieses Buch ist kein linearer Leitfaden, den du von Anfang bis Ende durchlesen musst. Es ist vielmehr wie eine neue Landkarte, die du auf deine ganz eigene Weise erkunden solltest. Du kannst das Buch chronologisch lesen und den Weg durch alle zwölf Kräfte Schritt für Schritt gehen. Alternativ kannst du auch gezielt zu einer Kraft springen, die dich gerade besonders anspricht. Oder du nutzt es als spontanes Nachschlagewerk, um dich jederzeit inspirieren zu lassen.

Die Einladung ist, dich von deiner Neugier führen zu lassen und mit offenem Herzen zu entdecken, welche Botschaft jede Kraft für dich bereithält.

5. Die Arbeit mit den Kräften

In jeder Kraft liegt ein Geschenk verborgen, das darauf wartet, entdeckt und integriert zu werden. Es ist, als würde jede Kraft einen genetischen Schlüssel oder Zugangscode enthalten, der uns mit unserem tiefsten Wissen und unserer wahren Natur verbindet.

Die Arbeit mit den Kräften erfordert die Bereitschaft, in die Tiefe zu blicken – nicht nur in die äußeren Umstände unseres Lebens, sondern in die verborgenen Winkel unserer Seele. Dabei zeigt sich, dass jede Kraft nicht nur eine Energie ist, die in uns schlummert, sondern ein vergessener Teil unseres Selbst, der darauf wartet, wieder zum Leben erweckt zu werden.

Dieser Prozess gleicht einem Tanz zwischen Vergangenheit und Zukunft, zwischen dem, was wir waren, und dem, was wir werden können. In diesem Tanz finden wir nicht nur uns selbst, sondern auch eine tiefere Verbundenheit mit der Welt um uns herum.

6. Die Sehnsucht nach Ganzheit und Authentizität

Im Kern dieses Buches liegt eine Sehnsucht, die wir alle kennen: die Sehnsucht nach Ganzheit. Es ist ein leises, manchmal schmerzhaftes Verlangen, das uns daran erinnert, dass wir nicht vollständig sind, solange wir Teile von uns selbst verleugnen oder abspalten. Diese Sehnsucht ist universell. Sie durchzieht unser Leben wie ein unsichtbarer Faden und treibt uns an, uns selbst zu finden, uns selbst zu sein.

Doch oft wissen wir nicht, wie wir dorthin gelangen können. Die Welt, in der wir leben, fordert uns auf, Rollen zu spielen, Erwartungen zu erfüllen und uns anzupassen. Wir tragen Masken, um akzeptiert zu werden, und verlieren dabei den Kontakt zu unserem inneren Wesen. Doch tief in uns spüren wir, dass es mehr gibt – dass wir mehr sind.

Die zwölf Kräfte sind ein Wegweiser auf unserer Reise. Sie helfen uns, die Teile von uns, die wir verloren haben, wiederzufinden und sie in unser Leben zu integrieren. Sie zeigen uns, dass wir nichts werden müssen, was wir nicht schon sind. Es ist keine Reise in unbekanntes Terrain. Es ist vielmehr ein Akt des Erinnerns und des Wiedererkennens.

Dieses Buch möchte dich ermutigen, die Reise zu wagen – die Reise zu dir selbst, zu deinem authentischen Sein, zu der Ganzheit, die du längst in dir trägst.

1. Kraft: Adam

Die Erfahrung

Die Initiation

Ich erinnere mich, wie der erste göttliche Strahl in einen Menschen fiel, um ihn zu beseelen. Ganz genau konnte ich spüren, wie das Licht direkt in mein Herz strömte. Es fühlte sich an, als würde meine Haut, meine Hülle, sich auflösen – wie ein Vorhang, der sanft zur Seite gezogen wird, um etwas Verborgenes zu enthüllen, etwas längst Vergessenes sichtbar zu machen. Mein Innerstes lag offen, ungeschützt und doch voller Leben. Da war keine Barriere mehr zwischen mir und der Welt, keine Abwehr, nur diese feine Sensibilität, diese bedingungslose Offenheit.

Ich spürte, wie das Licht in jede Faser meines Seins drang, jede Zelle meines Körpers in Schwingung versetzte. Mein Herz leuchtete wie ein strahlender Stern, von dem eine sanfte Wärme ausging, die sich unaufhaltsam in mir ausbreitete. Meine Haltung veränderte sich: Der Kopf hob sich, der Körper entspannte sich. Es war, als hätte ich meine wahre Gestalt gefunden, leicht und kraftvoll zugleich.

Mit jedem Atemzug nahm ich mehr von diesem Licht in mich auf, und mein Körper begann von innen heraus zu strahlen. Dieses Leuchten hatte keine Begrenzung. Es schien über meinen Körper hinaus in die Welt zu fließen, wie ein Fluss, der sich nach Weite sehnt. Ich fühlte mich wie ein Gefäß, durch das das Leben selbst fließt, durch das das Universum seinen Atem schickt. Der Raum um mich herum war erfüllt von einer stillen, leuchtenden Präsenz, als sei ich Teil eines großen, kosmischen Schauspiels.

Verbunden mit der Schöpfung

In mir entstand der Wunsch, in die Welt zu gehen, sie zu erkunden, zu erforschen, mich ganz und gar einzulassen. Während ich die ersten Schritte setzte, begannen sich meine Sinne zu öffnen, wie Blüten in den Morgenstunden. Ich atmete die Welt ein – mit jeder Pore, mit jedem Atemzug.

Das erste, was meine Aufmerksamkeit auf sich zog, war eine kleine Blume. Ihre zarten Blütenblätter schimmerten wie feines Pergament im Licht der Sonne. Ich konnte ihre Form und ihre Farbe sehen, aber noch deutlicher spürte ich ihre Aura – ein lebendiges Pulsieren, das mich zutiefst berührte.

In diesem Moment war mir, als könnte ich alles erfassen: das Sichtbare, das Unsichtbare, das Essenzielle. Der Duft der Blume, so flüchtig und kaum wahrnehmbar, zog durch mich hindurch, als wollte er mir Geschichten erzählen – Geschichten von Regen und Sonne, von Wurzeln, die sich tief in die Erde graben.

Meine Finger vibrierten, als ich sie berührte, so lebendig war sie. Ich sah sie nicht nur, ich fühlte und verstand sie: ihre Existenz, ihre stille Bestimmung, ihre Verbundenheit mit allem. In ihr erkannte ich das Leben in seiner reinsten Form – einfach, unaufgeregt und doch vollkommen. Und da war diese leise Stimme der Erkenntnis: *„Das alles bist du. Und du bist all das."*

Die Bekanntschaft mit der Schwere

Tief atmete ich diese Lebenskraft in mich ein und setzte meinen Weg fort. Doch bald merkte ich, dass die Welt um mich herum sich nicht immer nur leicht anfühlte. Ein unsichtbarer Schleier senkte sich fast unmerklich auf mich herab, schwer und dicht. Mein Körper wurde träge, meine Schritte langsamer. Schließlich legte ich mich auf die Erde, unfähig, mich weiterzubewegen.

Etwas floss in mich hinein, etwas, das wie ein bitteres Elixier schmeckte. Ich fühlte, wie mein Körper sich dagegen wehrte, doch tief in meinem Herzen wusste ich, dass es richtig war.
Die Erde unter mir war weich, ein stiller Anker, der mich hielt. Ich ließ meine Finger in den Boden graben und spürte die Dichte, die Kühle, das Gewicht. Es war, als würde die Erde mir zuflüstern: *„Bleib bei dir. Nimm es an. Kämpfe nicht."*

Mit geschlossenen Augen spürte ich die Dunkelheit, die mich umgab, wie eine sanfte, alles einhüllende Decke. Doch diese Dunkelheit war nicht bedrohlich, sondern geduldig. Sie ließ mir Zeit, mich einzulassen, sie zu erforschen.

Zunächst nahm ich meinen Widerstand deutlicher wahr – er war spürbar in der Anspannung meines Körpers, im Festhalten meiner Gedanken. Doch je länger ich in der Dunkelheit verweilte, desto mehr ließ diese Anspannung nach. Es war kein plötzliches Loslassen, sondern ein leises, stetiges Nachgeben.

Mit Erleichterung und Freude stellte ich fest, dass ich mein Herz wieder deutlicher fühlen konnte. Es atmete, pulsierte und sandte eine Fontäne aus weißem Licht empor, die mich erfüllte und aufrichtete. Ich drehte mich um, schmiegte mich an die Erde, umarmte sie mit einer Liebe, die aus meinem tiefsten Inneren hervorkam. Und die Erde nahm mich auf, hielt mich, wie eine Mutter ihr Kind hält. In ihr fand ich Geborgenheit und Frieden.

Licht und Dunkelheit

Ich ließ mich fallen, ließ vollständig los, und in diesem Moment verschmolz die Schwere mit der Leichtigkeit, die Dunkelheit mit dem Licht. Es war, als würde ich in einem Ozean schwimmen, der kühl und wärmend zugleich war, sanft und doch kraftvoll. In mir wuchs ein Verständnis, dass das Leben kein Kampf ist, bei dem das Licht die Dunkelheit besiegen muss. Himmel und Erde gehören zusammen, brauchen einander, sind eins.

Ich nahm einen Atemzug und spürte meinen Körper. Die Erde trug mich, und gleichzeitig war ich ein Teil von ihr. Es war ein Gefühl des Einsseins, das mich durchdrang – jeder Atemzug war ihr Atem, jede Bewegung ihre Bewegung. Immer tiefer tauchte ich in diese Erde ein, bis ich das Gefühl hatte, mit ihr eins zu sein. Es war kein Aufgeben oder Auflösen, sondern die Vereinigung mit etwas Größerem. Ich badete in ihrer Energie, tanzte mit ihr, fühlte mich getragen und genährt.

Als ich mich wieder aufrichtete, war alles anders. Die Erde in ihrer bunten Vielfalt war dieselbe, der Himmel war dieselbe unendliche Weite, doch in meinem Blick hatte sich etwas verwandelt. Entspannt ließ ich meine Augen in die Runde wandern. Das ganze Land wurde gestreichelt vom warmen Licht der Sonne. Ich war entzückt von der Schönheit, die ich überall sah, als würde ich sie zum ersten Mal wahrnehmen.

Es war nicht nur die bildliche Schönheit, es war das Summen der Luft, das leise Rauschen eines Windhauchs, das Knistern der Erde unter meinen Knien. Alles schien eine Melodie zu spielen, und ich war zugleich Zuhörer und Teil dieses Orchesters. Mein Herz schlug im Takt mit diesen Klängen, als gehörte ich vollkommen natürlich dazu. Beschwingt von diesem Szenario war es ganz leicht, mich hinzugeben, zuzulassen, einfach nur da zu sein.

Der ewige Kreislauf

Absichtslos ließ ich meine Aufmerksamkeit in mich hineinfallen, und erneut begann sich die Energie zu drehen. Doch diesmal nahm ich mir vor, ganz genau zu beobachten, was mit mir passierte. Ich wollte verstehen, was da vor sich geht und warum ich diesen Wandlungen so hilflos ausgeliefert bin.

Und da war es wieder, dieses Dunkle, diese Schwere. Wieder spürte ich den grauen Schleier, der sich auf mich legte und mich nach unten zog. Es war die Last von Trauer und Schmerz, der ich machtlos gegenüberstand. Ich wollte fliehen, wollte kämpfen, doch nichts half. Und wieder forderte die Erde mich auf, mich hinzugeben. Ich legte mich nieder und ließ mich von ihr halten. Und genau dort, in dieser Hingabe, fand ich Erleichterung.

Langsam begann ich zu begreifen, dass die Schwere, die mich auf den Boden drückte, eine Botschaft trug. Sie war der Finger der Wahrheit, der mich immer wieder zurückbrachte – zurück in meinen Körper, zurück in die Verantwortung für mein Leben. Es war kein Fluch, sondern eine Einladung. Die Erde war nicht mein Feind, sie war mein Anker, meine Lehrerin.

Ich spürte, wie mein Körper sich entspannte, wie meine Gedanken sich lösten, einer nach dem anderen, wie Seile, die gekappt werden. Da war nur noch Stille, ein weiter, grenzenloser Raum. Und in dieser Stille konnte ich wieder hören, wie die Erde unter mir atmete, wie sie mich hielt, wie sie mich trug.

Als ich erneut in die Welt hinaustrat, sah ich sie in all ihren Facetten: das Licht und die Dunkelheit, das Paradies und den grauen Schleier. Ich verstand, dass beide Teile derselben Wahrheit waren. Der Schlüssel lag nicht im Widerstand, sondern in der Annahme. Und so begann ich, mit langsamen, bedächtigen Schritten weiter in die Welt zu gehen – als ein Teil von ihr und doch frei.

Adam - die Erklärung

1.1. Die Bedeutung der ersten Kraft – Adam

Adam ist der Anfang. Mit ihm beginnt die Reise des Menschseins. Er steht für das erste Erwachen, das erste bewusste Erleben von Welt, Leben und Selbst. Die erste Kraft ist die, die das Herz öffnet und die Sinne schärft. Sie lädt uns ein, das Leben in seiner Fülle zu erfahren – mit all seinen Freuden und Herausforderungen.

In diesem Anfang liegt eine Unschuld, aber auch die Bereitschaft, alles zu erleben: das Schöne, das Schwere, das Erhebende und das Schmerzliche. Adam repräsentiert die Begegnung mit unserer Essenz. Es ist ein Moment von Staunen und Ehrfurcht, ein Eintauchen in das Leben, das zugleich wunderschön und herausfordernd ist. Er ist der Archetyp der Neugier und Offenheit, ein Wesen, das die Welt umarmt und den Schritt ins Unbekannte wagt. Er gibt sich bedingungslos der Schöpfung hin, um sich selbst in ihr zu entdecken.

Die erste Kraft erinnert uns daran, dass wir nur wachsen können, wenn wir bereit sind, uns auf alles einzulassen: das Licht wie die Dunkelheit, die Leichtigkeit wie die Schwere. Adam lädt uns ein, die Welt mit offenen Augen zu sehen und sie in ihrer ganzen Vielfalt und Wahrheit zu umarmen.

1.2. Das Erwachen des Herzens

Alles beginnt mit dem Herzen. Das Herz, Symbol des Lebens und des Fühlens, wird zum leuchtenden Ausgangspunkt der ersten Kraft. In Adam beginnt es zu pulsieren, zu strahlen, wird zum

Zentrum, von dem alles ausgeht. Es ist nicht einfach nur ein physisches Organ, sondern ein Raum, der uns die Essenz des Seins eröffnet. Das Herz wird zu einem Tor, das uns mit allem verbindet – mit uns selbst, mit den anderen, mit der Erde und mit dem Leben.

Vielleicht kennst du die Erfahrung, wenn die Liebe sich in dein Herz ergießt – wie eine sanfte Wärme, die es zum Pulsieren bringt, ein Strahlen, das sich in dir ausbreitet und nach außen fließt. Es ist ein Gefühl der Vollkommenheit, das dich zugleich erhebt und erdet. Dein Herz wird zur Quelle von Lebendigkeit und Freude.

Das Erwachen des Herzens geht einher mit einer Öffnung der Sinne. Wie ein Fenster, das sich zum ersten Mal öffnet, lässt Adam dich die Welt in einer neuen Klarheit wahrnehmen. Farben leuchten intensiver, der Wind auf der Haut wird spürbarer, das Zwitschern der Vögel wird zu einer Symphonie. Die Welt wird lebendig, und du bist ein Teil von ihr.

Psychologisch gesehen ist dies der Moment des ersten Bewusstwerdens. Es ist die Erfahrung, dass wir nicht bloß existieren, sondern wirklich spüren, dass wir da sind. Es markiert den Übergang vom reinen Instinkt hin zur bewussten Wahrnehmung, die es ermöglicht, sich nicht nur als Individuum, sondern als Teil eines größeren Ganzen zu erleben.

1.3. Das Wechselspiel von Leichtigkeit und Schwere

Die erste Kraft führt uns mitten hinein in die Dualität des Lebens. Adam zeigt uns, dass das Leben nicht nur aus Licht besteht, sondern dass der Schatten ebenso dazugehört. Die Freude eines Moments kann durch die Schwere des nächsten abgelöst werden. In diesem Wechselspiel zeigt sich das große Geschenk, das Adam für uns bereithält: Er lehrt uns, beide Seiten anzunehmen.

Wenn du dich mit dem Licht verbindest, fühlst du dich getragen, frei, leicht. Doch dann kommt der Moment, in dem das Licht verblasst und die Dunkelheit dich umarmt. Es fühlt sich schwer an, erdrückend. Aber genau hier liegt die Lektion: Die Dunkelheit ist kein Fehler, sondern ein Lehrer. Sie fordert dich auf, innezuhalten, loszulassen und zu wachsen.

Adam zeigt uns, dass wir dem Schatten nicht entkommen müssen. Stattdessen lädt er uns ein, uns ihm hinzugeben, ihn zu fühlen und dadurch zu verstehen. Das Loslassen von Widerstand ist dabei der Schlüssel. Nur wenn wir aufhören, gegen die Schwere anzukämpfen, können wir durch sie hindurchgehen und wieder ins Licht finden.

Im konkreten Leben bedeutet das, dass wir in schwierigen Situationen nicht sofort in den Kampfmodus schalten, sondern dass wir lernen, durchzuatmen und die Situation erst einmal als solches anzunehmen. Wenn es uns gelingt, die Schwere wirklich zu fühlen, ohne sie zu bewerten, die Dunkelheit zu umarmen, ohne gegen sie anzukämpfen, dann schaffen wir die besten Voraussetzungen dafür, dass sie sich verwandeln kann.

1.4. Multiperspektivität und die Fähigkeit, Abstand zu nehmen

Adam schenkt uns die Fähigkeit, die Dinge aus verschiedenen Blickwinkeln zu betrachten. Manchmal sind wir so tief in einer Situation verstrickt, dass wir den Überblick verlieren. Die erste Kraft erinnert uns daran, einen Schritt zurückzutreten, die Welt mit anderen Augen zu sehen und neue Perspektiven zu entdecken.

Stell dir vor, du stehst mitten in einem Sturm. Alles um dich herum ist chaotisch, laut, überwältigend. Doch dann trittst du aus dem Sturm heraus, schaust ihn aus der Ferne an. Plötzlich erkennst du, dass der Sturm nur ein Teil des größeren Himmels ist – und dass du diesen Himmel in dir trägst.

Multiperspektivität hilft uns, nicht in den Dramen des Lebens verloren zu gehen, sondern das größere Bild zu erkennen. Es ist die Fähigkeit, sowohl Nähe zu spüren als auch Abstand zu halten. Diese Balance gibt uns die Freiheit, Entscheidungen klarer zu treffen und Situationen tiefer zu verstehen.

1.5. Die erste Kraft: Basis der menschlichen Schöpfungsgeschichte

Adam ist der Anfang von allem. Er steht am Anfang der menschlichen Schöpfungsgeschichte, weil er die Grundlage für alles Weitere legt. In ihm vereinen sich Licht und Dunkelheit, Freude und Schmerz, Bewegung und Stille. Diese Gegensätze erschaffen den Raum, in dem unser Bewusstsein wachsen, sich entwickeln und entfalten kann.

Die Verbindung zur Erde spielt dabei eine zentrale Rolle. Adam zeigt uns, dass wir nicht losgelöst von allem existieren. Unsere Wurzeln sind in der Erde verankert, und aus dieser Verbindung ziehen wir Kraft. Die Erde ist unser Anker, unser Zuhause, der Ort, an den wir immer zurückkehren können. Sie ist das Spielfeld, auf dem wir uns erleben und erfahren können.

Spirituell betrachtet lädt Adam uns ein, unser Leben in voller Präsenz zu leben. Er zeigt uns, dass jede Erfahrung, ob leicht oder schwer, ein Geschenk ist, das uns näher zu uns selbst bringt.

1.6. Praktische Integration der ersten Kraft

Die erste Kraft ist nicht nur ein theoretisches Konzept, sondern eine Einladung, sie im täglichen Leben umzusetzen. Hier sind einige Ansätze, wie sie im Alltag integriert werden kann:

Das Herz als Zentrum
Setze dich an einen ruhigen Ort und richte deine Aufmerksamkeit auf dein Herz. Spüre den Puls, das Leben, das von hier ausgeht. Stelle dir vor, wie dein Herz Licht ausstrahlt, das dich durchflutet und schließlich deinen gesamten Raum erfüllt.

Perspektivenwechsel üben
Nimm dir eine schwierige Situation aus deinem Alltag und betrachte sie bewusst aus verschiedenen Blickwinkeln. Was siehst du, wenn du dich einlässt? Was, wenn du Distanz schaffst? Welche neuen Einsichten ergeben sich daraus?

Die Erde fühlen
Gehe barfuß auf der Erde spazieren und spüre ihre Energie. Verbinde dich bewusst mit dem Boden, atme langsam und stelle dir vor, wie die Erde dich trägt, wie ihre Energie in dich einströmt und dir Kraft gibt.

Licht und Dunkelheit umarmen
Denke an einen Moment, der sowohl Freude als auch Schmerz in dir ausgelöst hat. Reflektiere: Was hast du daraus gelernt? Wie hat

diese Erfahrung dich verändert? Schreibe deine Gedanken auf, um die Dualität bewusst zu erkennen.

Eine Einladung zur Offenheit

Betrachte heute bewusst etwas kleines – eine Blume, einen Stein, einen Sonnenstrahl. Öffne deine Sinne und frage dich: Was zeigt mir dieses kleine Wunder über das Leben?

2. Kraft: Shiva

Die Erfahrung

Ich verbinde mich mit der zweiten Kraft, und sofort steigt die Energie in mir an. Es ist, als würde ein mächtiger Strom durch mich hindurchfließen, der mich mit jedem Atemzug tiefer und tiefer durchdringt. Mein Körper wird leichter, beinahe schwerelos, und gleichzeitig vibriert jede Zelle in einer Intensität, die mich vollkommen einnimmt. Ich spüre, wie mein Herz schneller schlägt und eine Schwingung in mir entsteht, die mich an diese Kraft anschließt, mich mit ihr synchronisiert.

Ein kosmisches Schauspiel

Diese Energie ist so intensiv, dass sie mich völlig absorbiert. Vor meinem inneren Auge entfaltet sich ein kosmisches Schauspiel: Ich sehe Atome, die in einem grenzenlosen Raum schweben und sich bewegen, als wären sie Teil einer unsichtbaren Choreografie. Sie verbinden sich, lösen sich auf, formieren sich neu – ein unendliches Spiel, das mich in seinen Bann zieht. Doch es ist nicht nur ein Schauspiel, das ich betrachte. Ich fühle, dass ich selbst Teil dieses Tanzes bin, dass mein Sein mit jeder dieser Bewegungen verwoben ist.

Das Universum entfaltet sich vor mir. Ich sehe Galaxien entstehen, sehe Sterne geboren werden und wieder verglühen. Lichtblitze durchziehen die Dunkelheit, entstehen und vergehen. Das Universum ist sowohl um mich herum als auch in mir – ein Spiegel, der das Außen und das Innen als Eins erkennen lässt.

Während ich diese wundersame Inszenierung auf mich wirken lassen, wird mir etwas bewusst – etwas, das mir so vertraut ist und doch so unerreichbar scheint. Es ist, als ob das Leben selbst mir seine Geheimnisse offenbart. Ein andächtiges Staunen erfüllt mich. Tief in mir spüre ich eine Wahrheit, die ich schon immer wusste: dass ich selbst Teil dieses Kreislaufs bin, dass ich nicht getrennt bin, sondern eins mit allem.

Die Lichtsäule

Doch dieses Gefühl von Einssein ist kein Zustand, auf dem ich mich ausruhen könnte. Ganz im Gegenteil: Es reißt mich mit wie ein lebendiger, pulsierender Strom, der ständig im Wandel ist, im Werden und Vergehen. Ich sehe das Licht und die Dunkelheit, die Geburt und den Tod und spüre, wie diese Gegensätze durch mich hindurchfließen – nicht als Widersprüche, sondern als Kräfte, die einander bedingen und ergänzen.

Während ich mich tiefer in diese Kraft fallen lasse, nehme ich wahr, wie sich in mir ein Kanal öffnet. Eine mächtige Energie beginnt von meinem Steißbein aus in die Erde zu fließen – unerschütterlich und kraftvoll wie eine weit verzweigte Wurzel, die im Erdreich alles verbindet. Gleichzeitig steigt von meinem Scheitel aus eine ebenso mächtige, hochschwingende Energie in den Himmel auf. Sie dehnt sich aus, immer weiter, und wird schließlich grenzenlos.

Diese beiden Energien tanzen miteinander, spielen miteinander und verschmelzen zu einem Fluss, der durch mein ganzes Wesen fließt. Es fühlt sich an, als würde ich selbst zu einer Lichtsäule werden, die Himmel und Erde miteinander verbindet.

Diese Verbindung ist nicht nur etwas, das ich fühle – sie ist etwas, das ich bin. Mit jedem Atemzug fließt Energie durch mich hindurch, und ich werde zum Träger des Lichts. Ich spüre die Erde unter meinen Füßen, spüre ihre Kraft, ihre Geduld. Gleichzeitig fühle ich die Weite des Himmels über mir, die Freiheit, die in ihm liegt. In diesem Moment bin ich beides: das Feste und das Leichte, die Wurzel und das Licht.

Mit jedem Schritt, den ich mache, hinterlasse ich Spuren aus Licht. Ich sehe, wie jeder Fußabdruck die Erde belebt und erstrahlen lässt. Es sind nicht bloß Abdrücke, sondern Botschaften, die von der Erde zum Himmel und zurückfließen. Jeder Schritt ist ein Tanz, jeder Atemzug ein Gebet, das Himmel und Erde miteinander vereint. Ich spüre die Heiligkeit in dieser Bewegung, die Verantwortung und gleichzeitig die unendliche Freiheit, die darin liegt.

Halten und Loslassen

Doch die zweite Kraft ist nicht nur sanft und umarmend. Sie ist auch intensiv und herausfordernd, und zuweilen fühlt es sich an, als ob sie mich jeden Moment auf die Probe stellen würde. Wenn ich mich ihr öffne und hingebe, fließt der Energiestrom ruhig und kraftvoll zugleich, wie ein breiter, ruhiger Fluss, der alles in seiner Bewegung trägt.

Sobald ich aber beginne, mich zusammenzuziehen, mich zu verschließen, spüre ich Reibung, spüre ich Enge. Dann erlebe ich, wie sich Energie in mir aufstaut und wie der Fluss unruhig wird. Reibung erzeugt Spannung, die Spannung wird zu Druck, und der Druck droht zu explodieren. Es ist, als ob ein riesiger Staudamm den Energiefluss blockiert und zu brechen droht. Diese Drucksituation erweckt Zweifel, Ängste und ein Gefühl, als würde ich die Verbindung zur Quelle verlieren.

Ohne wirklich etwas dagegen tun zu können, beginnen die Ängste mich einzunehmen und in die Tiefe zu ziehen. Sie legen sich auf mich, drücken und bedrängen mich, bis ich sie nicht mehr ignorieren kann. Es ist, als würden sie Kontakt mit mir aufnehmen und mich einladen, genauer hinzuschauen, welche Teile in mir sich zeigen möchten.

Aber in dieser Dunkelheit, in dieser Enge, kann ich nichts erkennen. Abgesehen davon wäre ich wohl auch nicht offen dafür, etwas zu erkennen oder mich auf eine Veränderung einzulassen. Mit allen Kräften, die mir noch zur Verfügung stehen, beginne ich mich gegen diese unangenehme Situation zu wehren. Ich versuche, dagegen anzukämpfen, während der Druck innen sowie außen ständig zunimmt.

Und dann, als der Schmerz fast unerträglich wird und die Enge mich vollständig einnimmt, höre ich eine Stimme. Sie ist leise, sanft und doch unüberhörbar: *„Lass los."* Zuerst widerstrebt es mir, ihr zu gehorchen. Doch schließlich wird mir klar, dass ich keine Wahl habe, und so folge ich dieser Aufforderung. Ich gebe auf, lasse meine Kontrolle los und beginne zu fallen … zu fallen und zugleich aufzusteigen.

Ich atme tief und langsam ein und aus. Während sich mein Körper zunehmend entspannt, kann ich beobachten, wie sich auch mein Geist aufklärt und der Fluss des Lebens wieder zu fließen beginnt. Der Kanal wird weiter, die Energie kann sich wieder frei bewegen, und mit ihr kommt ein Gefühl von Frieden und von Leichtigkeit.

Mit jedem Atemzug wird der Fluss größer und stärker, und ich fühle mich wieder im Einklang und verbunden mit der zweiten Kraft.

Ein Kanal zwischen Himmel und Erde

In diesem Zustand erkenne ich, dass ich weder nur Geschöpf der Erde noch nur ein Kind des Himmels bin. Ich bin beides. Ich bin der Kanal, durch den Himmel und Erde sich berühren, durch den Licht und Materie miteinander verschmelzen. Ich bin die Verbindung, die Brücke, der Tanz zwischen diesen beiden Welten.

In diesem Tanz finde ich nicht nur mich selbst, sondern auch die Ganzheit, die immer da war. Es ist die Erkenntnis, dass das Licht ohne die Dunkelheit nicht leuchten könnte und dass die Dunkelheit ohne das Licht keinen Sinn ergäbe. Und diese Ganzheit ist nicht das Ende der Reise, sondern der Anfang eines bewussten Lebens – ein Leben, das sich dem Fluss der Dinge gänzlich hingibt.

Die zweite Kraft zeigt mir, dass es nicht darum geht, meine Energie zu halten oder zu kontrollieren, sondern sie fließen zu lassen. Es ist ein Akt des Loslassens und des Vertrauens, der mich lehrt, mich ganz hinzugeben. Und in dieser Hingabe erfahre ich eine tiefe Freiheit: die Freiheit, einfach zu sein.

Ich spüre, wie das Licht nicht nur durch mich selbst fließt, sondern wie es auch die Welt um mich herum verändert. Die Erde wird dadurch lebendiger und beseelter, der Himmel wird erhabener und klarer. Es ist, als ob ich selbst Teil dieses schöpferischen Prozesses werde, als ob das Licht durch mich Gestalt annimmt. Und an diesem Punkt erkenne ich: Ich bin nicht getrennt von der

Schöpfung. Ich bin die Schöpfung. Ich bin eins mit der zweiten Kraft, eins mit Shiva.

Shiva - Die Erklärung

2.1. Die Bedeutung von Shiva als zweite Kraft

Die zweite Kraft, Shiva, repräsentiert den Kanal, der Himmel und Erde verbindet. Sie ist die Brücke zwischen dem höchsten geistigen Prinzip und der dichtesten Form der materiellen Welt. Shiva steht für die Fähigkeit, kosmische Energie in die irdische Realität zu bringen und sie dort zu verankern. Dabei wird er zum Ausdruck der göttlichen Schöpfungskraft, die nicht nur erschafft, sondern auch zerstört und transformiert.

Diese Kraft zeigt uns, dass Schöpfung und Zerstörung keine Gegensätze sind, sondern zwei untrennbare Aspekte eines größeren Kreislaufs. Alles, was erschaffen wird, ist vergänglich, und in dieser Vergänglichkeit liegt die Möglichkeit für Neues. Im ständigen Wandel der Welt offenbart sich die Essenz der zweiten Kraft: das Loslassen und Erneuern.

Shiva erinnert uns daran, dass Veränderung die einzige Konstante im Leben ist. Wenn wir diesen Wandel nicht nur akzeptieren, sondern umarmen, finden wir die Kraft und die Leichtigkeit, die im freien Fluss der Lebensenergie liegen. Diese Erkenntnis ist sowohl spirituell als auch zutiefst praktisch: Sie hilft uns, die Herausforderungen einer sich immer schneller entwickelnden und verändernden Welt besser zu verstehen und bewusster damit umzugehen.

2.2. Die Lichtsäule: Verbindung von Himmel und Erde

Im Zentrum der zweiten Kraft steht der Kanal – eine Lichtsäule, die Himmel und Erde miteinander verbindet. Doch diese Säule ist nicht bloß eine spirituelle Metapher, sondern eine konkrete Erfahrung. Wenn wir uns mit der zweiten Kraft verbinden, erleben wir, wie Energie aus der Tiefe der Erde aufsteigt und gleichzeitig vom Himmel herabfließt. Diese beiden Kraftquellen verweben sich zu einem ganzheitlichen Energiefluss, der den menschlichen Körper nicht nur durchströmt, sondern ihn auch kreiert und auf wundersame Weise sogar kreieren lässt.

Dieser universelle Strom ist nicht gleichförmig, sondern unglaublich lebendig. Er fließt, tanzt, formt und transformiert. Der Mensch wird dabei sowohl zum Empfänger als auch zum Gefährt dieser Energie – die Brücke, die Himmel und Erde vereint. Dieses Bild verdeutlicht, dass wir nicht nur Teil des Kreislaufs sind, sondern auch aktiv daran beteiligt, ihn zu gestalten.

Wenn wir es schaffen, unseren Kanal frei zu halten, werden wir zum Vermittler. Wir bringen das Licht des Himmels zur Erde und spiegeln die Schönheit der Erde zurück in den Himmel. Diese Wechselbeziehung schafft eine Balance, die das Leben in seiner ganzen Tiefe erfahrbar macht.

Die Lichtsäule ist dabei mehr als nur ein Symbol. Sie erinnert uns daran, dass wir in jeder Situation entscheiden können, ob wir den Fluss blockieren oder uns dafür öffnen. Das Bewusstsein, ein Kanal des Lichts zu sein, ist der Schlüssel, um die Energie der zweiten Kraft zu verstehen und in unser Leben zu integrieren.

2.3. Polarität: Kontrolle und Hingabe

Die zweite Kraft macht die Polarität des Lebens erfahrbar – das Spannungsfeld zwischen Kontrolle und Hingabe, Festhalten und Loslassen. Sie zeigt uns, dass Energie nur dann fließen kann, wenn wir bereit sind, loszulassen. Doch oft tun wir genau das Gegenteil und halten fest an unseren Ängsten, Zweifeln, Vorstellungen und Wünschen. Ein solches Festhalten führt letztlich zu Blockaden, die den Fluss der zweiten Kraft ins Stocken geraten lassen.

Wo Energie nicht frei fließen kann, entsteht Reibung – wie bei wildem Wasser, das durch enge Turbinen gepresst wird, anstatt seinen natürlichen Lauf zu nehmen. Diese Reibung kann sich in vielfältiger Form ausdrücken und entladen, zum Beispiel durch Unruhe, Aggression oder sogar Zerstörung. Eine solche Dynamik kann sowohl auf der individuellen Ebene als auch auf der kollektiven Ebene beobachtet werden.

In starren Gesellschaftsstrukturen, die sich dem Wandel verweigern, wird oft versucht, Sicherheit in strenger Kontrolle und festen Regeln zu finden. Doch der Fluss des Lebens lässt sich nicht zähmen, lässt sich nicht in eine feste Form pressen. Er sucht immer nach einem Ausweg, und wenn er nicht frei fließen kann, bricht er aus – sei es in Form von sozialen Spannungen, Gewalt oder einer tiefen Unruhe, die sich durch die gesamte Gemeinschaft zieht.

Der Mensch, der festhält, lebt in Angst. Diese Angst wird zu einem Gefängnis, das ihn immer weiter von seiner Essenz entfernt. Sie führt zu Konflikten, innerlich wie äußerlich. Nur durch Loslassen kann diese Enge aufgebrochen werden und nur durch Hingabe wird der Weg frei, damit sich das Leben wieder harmonisch entfalten kann.

Wenn wir uns öffnen und loslassen, wird die Energie der zweiten Kraft ruhig und mächtig, wie ein breiter Strom, der alles einschließen und in sich tragen kann. Hingabe ist in diesem Fall kein passives Aufgeben, sondern ein bewusster Prozess, der uns mit dem Fluss des Lebens in Einklang bringt. Hingabe ist kein Verlust, sondern ein Gewinn: die Wiederentdeckung dessen, wer wir sind.

2.4. Shiva und die Energie der Schöpfungskraft

Die schöpferische Energie der zweiten Kraft umfasst einen ganzheitlichen, dynamischen Prozess: Sie erschafft und verändert, sie zerstört und erneuert. In dieser unendlichen Bewegung zeigt sich die Essenz des Lebens. Nichts bleibt, wie es ist, und doch ist alles miteinander verbunden.

Spirituell betrachtet lädt Shiva uns ein, die Dualität zu überwinden. Er zeigt uns, dass Licht und Dunkelheit, Freude und Schmerz, Schöpfung und Zerstörung keine Gegensätze sind, sondern Teile eines größeren Plans. Das Verinnerlichen dieser Erkenntnis befreit uns von der Angst vor Veränderung und gibt uns den Mut, wirklich schöpferisch zu sein.

Die zweite Kraft ist eine Einladung zu einer Reise, die uns durch das bewusste Erleben von Gegensätzen die Tore zur Schöpfungskraft aufstößt. Sie fordert uns auf, uns selbst und die Welt nicht in Schwarz und Weiß zu betrachten, sondern die zahlreichen Schattierungen dazwischen wahrzunehmen. In diesem Prozess finden wir nicht nur zu unserem authentischen Sein, sondern entdecken auch die Kraft, unser Leben bewusst und schöpferisch zu gestalten.

Im Alltag zeigt sich die zweite Kraft immer wieder in Momenten, in denen wir etwas Neues entstehen lassen. Sei es ein Gedanke, ein Kunstwerk oder eine Beziehung – Shiva erinnert uns daran, dass wir Mitschöpfer sind. Jeder Akt der Schöpfung ist ein Ausdruck dieser Kraft, die uns mit dem Himmel und mit der Erde verbindet.

2.5. Initiation in Bewusstwerdung, Ganzwerdung und Heilung

Die zweite Kraft, Shiva, ist eine Initiation. Sie führt den Menschen in die Bewusstwerdung, indem sie ihn die Dualität des Lebens erfahren lässt. Dabei bezieht sich diese Dualität nicht nur auf die äußere Realität, wie Licht und Dunkelheit, Himmel und Erde, Schöpfung und Zerstörung. Sie ist auch eine innere Erfahrung, die uns mit den Gegensätzen in uns selbst konfrontiert. Shiva bringt uns an den Punkt, an dem wir erkennen, dass diese Gegensätze nicht getrennt voneinander existieren, sondern zwei Seiten derselben Wirklichkeit sind.

Bewusstwerdung entsteht, wenn wir den Kampf in der Dualität hinter uns lassen. Es ist der Moment, in dem wir erkennen, dass die Dunkelheit nicht unser Feind ist, sondern ein Spiegel, der uns unsere eigene Tiefe zeigt. Ebenso ist das Licht nicht unser Besitz, sondern eine Kraft, die uns durchströmt, wenn wir uns ihr öffnen. Shiva lehrt uns, dass diese beiden Kräfte, das Licht und die Dunkelheit, sich bedingen, ergänzen und uns schließlich zur Ganzheit führen können.

Wenn wir aufhören, die Teile in uns abzulehnen, die wir für unvollkommen halten, beginnen wir, uns selbst in unserer Gesamtheit zu akzeptieren. Und dabei bedeutet Ganzheit nicht, perfekt zu sein, sondern vollständig – mit all unseren Licht- und Schattenseiten.

Und in dieser Ganzheit liegt auch die Essenz von allen Heilungsprozessen. Heilung beginnt, wenn wir aufhören, gegen uns selbst zu kämpfen oder Teile von uns abzuspalten. Sie setzt auf natürliche Weise ein, wenn wir uns mit dem Fluss des Lebens verbinden und die innere Trennung überwinden.

Die zweite Kraft zeigt, dass unsere Ganzwerdung aus der Verbindung von Himmel und Erde entspringt. Das Licht des Himmels bringt Klarheit, Bewusstheit und Inspiration. Die Erde gibt uns Halt, Stärke und die Fähigkeit, dieses Licht in die Welt zu bringen. Wenn beide Kräfte in uns harmonieren, werden wir zum Kanal für Heilung – für uns selbst und für andere.

Denn wenn wir uns selbst heilen, heilen wir auch unsere Beziehungen, die Gemeinschaft und die Welt um uns herum. Shiva erinnert uns daran, dass wir alle miteinander verbunden sind und dass jeder Heilungsprozess Wellen schlägt, die weit über uns hinausreichen.

2.6. Praktische Integration: Shiva im Alltag

Die zweite Kraft ist nicht nur ein spirituelles Konzept, sondern ein Wegweiser für unser tägliches Leben. Hier sind einige Möglichkeiten, sie bewusst zu erleben:

Den Kanal spüren

Visualisiere dich als Lichtsäule. Atme tief ein und aus, während du spürst, wie die Energie von der Erde aufsteigt und vom Himmel in dich hinabfließt. Spüre, wie sich diese Ströme in dir vereinen und deine Schwingung erhöhen.

Loslassen üben

Nimm eine Situation, in der du das Gefühl hast, die Kontrolle zu verlieren. Anstatt festzuhalten, versuche bewusst loszulassen. Atme tief ein und aus und sage dir: *„Ich vertraue dem Fluss."* Spüre, wie die Energie sich verändert, wenn du aufhörst, Widerstand zu leisten.

Kreativität entfalten

Nutze die schöpferische Energie der zweiten Kraft, um etwas Neues zu erschaffen. Das kann ein Kunstwerk, ein Gedanke oder eine Geste sein. Vertraue darauf, dass die Energie durch dich fließt und das erschafft, was entstehen soll.

Balance finden

Reflektiere über die Bereiche deines Lebens, in denen du festhältst, und die, in denen du leicht loslassen kannst. Wie kannst du deine innere Balance zwischen Kontrolle und Hingabe stärken?

3. Kraft: Der Hüter der Erde

Die Erfahrung

Ich verbinde mich mit der dritten Kraft. Ruhe kehrt ein. Es ist eine Ruhe, die nicht nur in mir ist, sondern auch in meinem Umfeld spürbar ist – eine Stille, die atmet, die flüstert, die mich ruft. Ich kenne jeden Grashalm auf diesem Planeten, auf dieser Erde, und mein Herz quillt über vor Freude, hier zu sein. Vom Herzen abwärts breitet sich eine tiefe Entspannung aus, die tief in die Erde hinunterführt. Mein Atem fließt ruhig und füllt meine Lunge mit einer angenehmen Wärme.

Freiheit und Verbindung

Ich genieße es, frei zu sein und mit beiden Füßen fest auf der Erde zu stehen. Frei aus mir heraus zu brüllen, zu röhren, sodass die ganze Welt mich hört. Frei von allen Zwängen, von Erwartungen und Konditionierungen, frei von Rollen – einfach nur frei, wie die Natur um mich herum, wie die Erde, dieser wunderschöne Planet.

Diese Freiheit ist nicht wild und chaotisch, sondern ruhig und geerdet. Ich habe das Gefühl, in meinem eigenen Wesen tief verankert zu sein, in einer Klarheit, die keine Worte und keine Erklärungen benötigt. Ich spüre die Kraft der Erde unter meinen Füßen, fühle, wie sie mich trägt, wie sie mich nährt. Und so gehe ich durch die Welt: kraftvoll, still und unerschüttert.

Die Erde entzündet in mir ein Feuer der Freude, und diese Freude ist wie ein gelbes Strahlen, das mich umgibt und durchdringt – eine Wolke der Lebendigkeit, die mich trägt. Dieses Strahlen dehnt sich aus wie ein Sonnenaufgang, der sanft die Dunkelheit vertreibt.

Ich fühle mich so glücklich in dieser Wolke, dass ich die Geschäftigkeit der Menschen um mich herum kaum wahrnehme. Es wäre auch nicht meine Aufgabe, mich um die Belange der Massen zu kümmern oder die Gesellschaft zu verändern, sondern mit Haut und Haar für die Erde da zu sein. Aus dieser Verbindung schöpfe ich alles, was ich bin.

Ein Kommunikationskanal mit der Erde

Die Erde spricht zu mir in einer Sprache, die tiefer ist als Worte. Es ist ein Klang, der durch die Wurzeln zu mir kommt, ein Lied, das vom Wind getragen wird, ein Flüstern, das im Rauschen der Blätter verborgen liegt. Sie erzählt mir von ihrem Leid und ihrer Schönheit, von ihren Wunden und ihrem unermesslichen Reichtum. Und während ich ihr lausche, wird mir klar: Ich bin nicht hier, um zu verändern oder zu reparieren. Ich bin hier, um zu schützen, zu hüten, zu dienen.

Mein Herzschlag ist verbunden mit dem Herzschlag der Erde. Es gibt ein tiefes Band, das uns vereint, eine Art Kommunikationskanal für unseren natürlichen Gleichklang und die beständige Präsenz in dieser Verbindung. Dieses Band führt von meinem Herzen bis zum Mittelpunkt der Erde. Ich bin ein Hüter der Erde und möchte ihr einfach nur dienen, aus tiefer Liebe und Dankbarkeit.

Um meine Aura spannt sich ein feiner Schleier. Weiter und weiter breitet er sich aus, bis er die ganze Erde umschließt, sie umarmt und einhüllt und den direkten Kontakt zu ihr fortwährend aufrechterhält. Dieser Schleier ist wie ein lebendes Netz aus Licht und

Liebe, das nicht nur schützt, sondern auch verbindet. Unter diesem Schleier spielt sich mein ganzes Leben ab. Dort kann ich alles wahrnehmen, alles spüren, bin mit allem verbunden. Doch ich fühle keinen Schmerz und keine Angst, sondern nur Kraft.

Die Erde erfüllt mich mit ihrer unerschöpflichen Energie, die nicht nur meinen Körper, sondern auch meine Seele berührt und trägt. Selbst an meinen dunkelsten Tagen könnte ich mir nicht im Entferntesten vorstellen, dass ich jemals an Energie verlieren könnte, dass ich jemals schwach oder erschöpft sein könnte. Die Verbindung zur Erde ist für mich wie eine Quelle, die niemals versiegt. Ich weiß, sie wird mich nähren und stärken, bis in alle Ewigkeit.

Fülle und Reichtum

Welch unermessliche Freude: Ich bin in meiner vollen Blüte. Ich bin jenseits von geboren werden und sterben – in meiner vollen Blüte. Die Erde trägt mich durch ihre Lebensphasen: Geburt, Wachstum, Vergehen, Wiedergeburt. Jeder dieser Schritte ist ein Tanz, und ich tanze mit. Es gibt keinen Widerstand, keinen Zweifel, nur dieses tiefe Wissen: Ich bin genau richtig, wo ich bin und wie ich bin.

Denn mein ganzes Wesen ist vollkommen eingebunden in die Zyklen und Rhythmen der Erde. Entstehen und Vergehen sind für mich so selbstverständlich wie der Atem, der mich durchströmt. Ebenso selbstverständlich ist mein Vertrauen, dass immer für mich gesorgt ist. Ich käme nie auf die Idee, dass ich um meine Existenz kämpfen müsste und gerate daher auch niemals in Konkurrenzdenken.

Mit wem könnte ich überhaupt in Konkurrenz gehen, wenn die Erde doch allen gibt, was sie brauchen? Ich sehe den Überfluss um mich herum – das Wasser, die Luft, die Nahrung, die Schönheit. Und ich erkenne: Wahrer Reichtum liegt nicht im Besitzen, sondern im Teilen. Diese Erde ist großzügig, und ich bin Teil ihrer Großzügigkeit.

Die Erde schenkt mir alles, was ich brauche, jederzeit, und füllt mich ständig auf mit Freude und Lebenskraft. Diese Kraft ist übersprudelnd. Ich möchte sie ausdrücken: einfach nur laufen, auf der Erde laufen, die Bäume hoch- und runterlaufen. Ich möchte meine Kraft und meine Freude ausdrücken, als Dank, dass ich sie von der Erde geschenkt bekommen habe. Und dieser Ausdrucksdrang ist vollkommen unschuldig und frei, ohne Absichten und ohne Ziele.

Ein Diener des Lebens

Ich lebe in meiner urtümlichen Wildheit und Freiheit. Und ich möchte den Ruf der Erde artikulieren, möchte den Schrei der Wildnis loslassen, möchte das Rauschen des Windes, das Wogen der Wellen leben. Ich möchte all diese Geräusche durch mich hindurchfließen lassen – ich möchte die Lebendigkeit der Erde spüren und ausleben. Denn ich trage diese Lebendigkeit tief in mir und möchte sie in die Welt zurück verschenken.

Ein Lächeln breitet sich auf meinem Gesicht aus, und mir wird klar: In dieser Kraft ist alles möglich. Ich handle ganz aus meiner Mitte, voller Stärke und Klarheit. Doch ich weiß auch, wann es Zeit ist, still zu sein, zu lauschen und mich dem Kreislauf des Lebens hinzugeben. In dieser Hingabe finde ich meine wahre Größe.

Ich knie nieder, lege meine Hände auf den Boden und spüre ihre Energie. Alles, was ich bin, kommt von ihr. Diese Erkenntnis erfüllt mich mit Dankbarkeit und einem Gefühl von Einheit. Es breitet sich in meinem ganzen Wesen aus und lässt meine Identität und meine Aufgabe verschmelzen: Ich bin nicht nur ein Mensch, sondern auch ein Teil der Erde, ein Diener des Lebens.

Die Erde flüstert mir zu, erinnert mich daran, dass mein Weg nicht im Erobern und Gestalten liegt, sondern im Hingeben und Beschützen. Ich bin ein Hüter der Erde und diese Aufgabe erfüllt mich mit einem tiefen Frieden.

Der Hüter der Erde - Die Erklärung

3.1. Die Essenz des Hüters der Erde

Der Hüter der Erde lebt ein einfaches und natürliches Leben. Er ist tief mit dem Planeten verbunden – nicht durch Gedanken oder Konzepte, sondern durch Instinkt und Intuition. Seine Liebe zur Erde ist so umfassend, dass sie alle Lebewesen mit einschließt, die im Einklang mit der Natur leben.
Er ist keine schillernde Persönlichkeit, die gerne im Rampenlicht steht. Seine Kraft kommt aus der Stille, der Hingabe und der Verbundenheit mit der Erde. Er ist kein Herrscher über die Natur, sondern ein Diener ihrer Schönheit und ihrer Rhythmen.

In seiner Hingabe ist der Hüter frei von Angst. Er handelt nicht aus Überlebensmechanismen oder Sorge um die Zukunft, sondern aus dem Vertrauen, dass die Erde selbst die Quelle aller Kraft ist. Für ihn ist die Erde kein Besitz, sondern ein lebendiger Organismus, der Liebe, Respekt und Fürsorge verdient. Und diese Fürsorge ist kein Opfer – sie ist eine Quelle wahrer Erfüllung.

Er schützt und dient aus einem tiefen Gefühl von Zugehörigkeit und Dankbarkeit. Dieses Gefühl von Verbundenheit und Zugehörigkeit ist sein natürlicher Seinszustand: ein Fließen zwischen ihm und der Erde, ein Geben und Empfangen, das ihn erfüllt und nährt. Alles, was er tut, entspringt diesem Fluss. Seine Fürsorge kommt nicht aus dem Wunsch zu kontrollieren, sondern ist eine natürliche Folge seiner Verbundenheit.

3.2. Überfluss und Vertrauen

Die Erde gibt, ohne zu fragen. Sie nährt, trägt und erneuert sich in einem Kreislauf, der niemals endet. Der Hüter der Erde sieht diese Fülle nicht als selbstverständlich an, sondern als heilig. Für ihn ist die Erde nicht einfach nur ein Lebensraum, sondern eine Mutter, die ihre Kinder liebt und versorgt.

Jeden Augenblick verschenkt sie sich an alle Lebewesen. Sie ist unglaublich großzügig und ihre Fülle ist grenzenlos: frisches Wasser, fruchtbarer Boden, klare Luft, die Farben des Sonnenuntergangs, das Rascheln der Blätter im Wind. Diese Fülle fließt wie ein endloser Strom, der alles Leben nährt.

Der Hüter der Erde erkennt diese Großzügigkeit. Er versteht, dass die Erde nicht gibt, um genommen zu werden, sondern um geteilt zu werden. Er nimmt nur das, was er wirklich braucht, und sorgt dafür, dass andere ebenfalls Zugang zu dieser Fülle haben.

Vertrauen ist das Herzstück dieser Beziehung. Der Hüter vertraut darauf, dass die Erde immer genug geben wird, solange sie respektiert wird. Und die Erde vertraut darauf, dass der Hüter mit ihren Ressourcen verantwortungsvoll und im Einklang mit allen Lebewesen umgeht. Dieses gegenseitige Vertrauen ist eine unsichtbare Verbindung, die alle Ebenen des Lebens durchzieht.

Doch das Vertrauen des Hüters geht noch weiter. Er vertraut auch dem Leben selbst, den Rhythmen und den Zyklen, die sich auf der Erde abspielen. Er weiß, dass nichts für ewig bleibt – und genau darin liegt die Schönheit des Lebens. Diese Akzeptanz macht ihn frei von Angst und Gier und erlaubt ihm, in Harmonie mit der Natur zu leben.

3.3. Tanz der Zyklen: Eins mit der Natur

Das Leben auf der Erde folgt einem Rhythmus, einem ewigen Tanz von Geburt, Wachstum, Vergehen und Wiedergeburt. Für den Hüter der Erde ist dieser Tanz keine abstrakte Idee, sondern eine lebendige Erfahrung. Er findet ihn in den Jahreszeiten, im Kreislauf von Tag und Nacht, in den Zyklen des Mondes und der Gezeiten.

Doch der Hüter spürt diese Zyklen nicht nur um sich herum – er erlebt sie auch in sich selbst. In seinem Atem, in seinen Gedanken, in seinem Körper spielen sich dieselben Rhythmen ab. Er spürt, wie sein eigenes Leben mit dem großen Kreislauf der Erde verbunden ist. Diese Verbindung gibt ihm die Kraft, Wandel zu akzeptieren. Und im Einklang mit dem Wandel erlangt er Stabilität und Flexibilität zugleich. Er kann loslassen, weil er weiß, dass das Leben immer weiterfließt.

Für den Hüter der Erde ist Veränderung kein Feind, sondern ein Lehrer. Jede Phase des Lebens hat ihren eigenen Wert: Die Geburt bringt neues Licht, das Wachstum entfaltet Möglichkeiten, das Vergehen schafft Raum, und die Wiedergeburt schenkt Hoffnung.

Indem der Hüter mit diesen Zyklen lebt, wird er selbst Teil des großen Tanzes. Er widersteht dem Wandel nicht, sondern fließt mit ihm wie ein Blatt, das sich vom Fluss treiben lässt. In diesem Fließen findet er seine wahre Freiheit.

3.4. Hingabe und Zurückstellen des Egos

Ein Hüter zu sein bedeutet, sein Ego zurückzustellen. Es geht nicht darum, sich selbst etwas zu beweisen oder Anerkennung zu suchen, sondern um den Dienst an etwas Größerem. Die Hingabe des Hüters ist eine Kraft, die sich nicht in großen Gesten zeigt, sondern in kleinen, stillen Handlungen.

Der Hüter weiß, dass die Erde ihn nicht braucht, um „gerettet" zu werden. Sie existiert seit Milliarden von Jahren und wird auch ohne ihn weiterbestehen. Doch seine Hingabe ist keine Frage des Müssens, sondern des Wollens. Er schützt die Erde nicht, weil er muss, sondern weil er will – aus Liebe und aus Dankbarkeit.

Wenn das Ego in den Hintergrund tritt, entsteht ein Raum, in dem Liebe und Verbindung fließen können. Der Hüter handelt nicht mehr aus Gier oder Angst, sondern aus Klarheit und Mitgefühl. Das Zurückstellen des Egos macht ihn stark. Es erlaubt ihm, präsent zu sein und das zu tun, was wirklich nötig ist – ohne Drama, ohne Kontrolle, einfach aus dem Moment heraus.

3.5. Der Hüter der Erde als universelle Kraft

Der Hüter der Erde ist mehr als ein Beschützer der Natur. Er ist ein Archetyp, der die männliche Rolle des Beschützens und Dienens verkörpert – ein Mann, der bereit ist, sich für andere einzusetzen, ohne dafür etwas zu erwarten. Diese Rolle ist keine Erfindung der Moderne. Sie ist tief in uns verwurzelt: ein universelles Prinzip, das in jedem von uns lebt. Es ruft uns dazu auf, Verantwortung zu übernehmen. Und gleichzeitig erinnert es uns daran, dass wir nicht getrennt sind, sondern Teil eines größeren Ganzen.

Wenn wir uns mit dem Hüter in uns verbinden, finden wir Frieden in der Gewissheit, dass wir genau dort richtig sind, wo wir gerade stehen. Wir erkennen, dass unser Platz auf dieser Erde nicht erkämpft werden muss – er ist bereits da, ein Geschenk, das wir mit Liebe und Respekt annehmen dürfen. In diesem Zustand der Verbundenheit wird das Leben selbst zum Ritual. Jede Handlung, jeder Schritt wird zu einer Geste der Dankbarkeit gegenüber der Erde.

Die dritte Kraft manifestiert sich zum Beispiel in den Geschichten und lebendigen Mythen der Aborigines. Für sie ist die Erde ein lebendiges Wesen, das durch „Songlines" (heilige Lieder) mit den Menschen verbunden ist. Diese Lieder beschreiben nicht nur die Landschaft, sondern halten sie am Leben. Der Hüter der Erde ist der Sänger, der durch seine Worte und seine Schritte die Verbindung zwischen Mensch und Natur erneuert.

Stell dir einen Mann vor, der barfuß durch das Outback wandert, den Boden unter seinen Füßen spürt und dabei die alten Lieder singt. Mit jedem Schritt und jedem Wort ruft er die Geister der Erde an, erinnert die Natur an ihre eigene Schönheit und schützt sie vor dem Vergessen. Mit jedem Lied, das er singt, hält er die Welt lebendig. Für ihn ist die Erde kein Besitz, sondern eine Verwandte – eine Mutter, eine Schwester, eine Geliebte.

3.6. Praktische Integration im Alltag

Der Hüter der Erde möchte nicht auf dem Papier verbleiben, sondern im alltäglichen Leben verkörpert werden. Durch einfache Handlungen und Rituale können wir diese archetypische Kraft in uns wecken und stärken.

Verbindung zur Erde – Barfuß gehen

Gehe barfuß auf der Erde, sei es auf einer Wiese, im Sand oder auf weichem Waldboden. Spüre die Berührung der Erde unter deinen Füßen und nimm bewusst wahr, wie sie dich trägt und nährt.

Atme tief ein und aus, während du dir vorstellst, wie die Energie der Erde durch die Füße in deinen Körper fließt.

Der Herzschlag der Erde

Suche dir einen ruhigen Ort in der Natur, lege dich auf den Boden und schließe die Augen. Spüre, wie dein Herzschlag sich mit dem Rhythmus der Erde verbindet. Erlaube dir, dich vollständig von der Erde tragen zu lassen und fühle die Ruhe und Kraft, die von ihr ausgeht.

Achtsamer Umgang mit Ressourcen

Überprüfe deine täglichen Gewohnheiten: Wie viel verbrauchst du? Wo kannst du weniger nehmen, um der Erde etwas zurückzugeben? Fange an, bewusst Entscheidungen zu treffen, die die Umwelt schützen und die natürlichen Ressourcen schonen.

Die Schönheit der Erde feiern

Mache einen Spaziergang in der Natur und nimm dir Zeit, die Schönheit um dich herum wahrzunehmen: die Farben der Bäume, das Licht der Sonne, das Zwitschern der Vögel. Dieser Spaziergang ist ein Akt der Wertschätzung und Dankbarkeit gegenüber der Erde.

Gemeinschaft stärken

Teile die Kraft des Hüters der Erde, indem du für andere Menschen sorgst, besonders für diejenigen, die Unterstützung brauchen. Ein Hüter kümmert sich nicht nur um die Erde, sondern auch um die Gemeinschaft – und schafft dadurch einen Raum, in dem Heilung und Wachstum möglich sind.

Rituale der Dankbarkeit

Erstelle dein eigenes kleines Ritual, das deine Dankbarkeit gegenüber der Erde ausdrückt. Das kann ein Gebet sein, das Anzünden einer Kerze oder das Anlegen eines kleinen Altars in der Natur. Rituale sind eine Möglichkeit, deine Verbindung zur Erde bewusst zu ehren.

4. Kraft: Av-Ram, der Seelenvater

Die Erfahrung

Ich trete in einen Raum, der durchdrungen ist von einer stillen, warmen Präsenz. Es ist, als ob die Luft selbst mit Bedeutung erfüllt ist, als ob jede Bewegung, jeder Atemzug, Teil eines größeren, unsichtbaren Plans wäre. Es gibt keinen Lärm, keine Ablenkung, nur diese sanfte Stille, die alles umfasst.

Ein Raum voller Geborgenheit und Akzeptanz

Entzückt und beschwingt von der einladenden Atmosphäre beginne ich mich umzuschauen. In der Tiefe des Raumes erkenne ich ein Gesicht mit leuchtenden, wohlwollenden Augen, die mich durchdringen und in meinem Innersten berühren. Aus ihnen spricht kein Urteil, keine Forderung, sondern ein stilles Verstehen, ein Wissen, das mich bis auf den Grund meines Wesens erfühlt. Dieser Blick sagt mir, dass ich gesehen werde, dass ich ganz da sein darf, ohne Masken und ohne Schutz.

Ich fühle mich sicher und geborgen, als ob ich nach einer langen Reise endlich ein Zuhause gefunden hätte. Doch es ist nicht nur ein Zuhause im äußeren Sinne – es ist ein inneres Zuhause, ein Ort in mir, an dem ich Frieden finde. In diesem wohligen Zustand öffnet sich mein Herz, und ich kann mich diesem seltsamen und doch so vertrauten Mann, der da vor mir sitzt, voll und ganz hingeben. Ich frage ihn nach seinem Namen und erhalte die Antwort: *„Av-Ram."*

Er spricht nicht viel, aber die wenigen Worte, die er sagt, hallen lange nach. Es ist, als würden sie in den Raum hineinfallen und sich dort ausbreiten, wie Ringe auf einer stillen Wasseroberfläche. Seine Stimme hat eine Tiefe, die mich durchdringt, und in ihr schwingt eine Weisheit, die von Zeitlosigkeit zeugt.

„Es ist gut, dass du hier bist", sagt er. Diese Worte sind einfach, aber sie tragen eine Bedeutung, die über das Offensichtliche hinausgeht. Sie sagen: Du bist willkommen. Du bist genau richtig, so wie du bist. Und ich lasse mich sinken …

Die Sprache der Seele

Während ich vor ihm sitze, beginne ich zu spüren, wie etwas in mir weicher wird. Es ist, als würde eine Spannung, die ich gar nicht bewusst wahrgenommen habe, langsam nachlassen. Ich atme tiefer, mein Körper entspannt sich, und ich fühle, wie mein Herz sich immer mehr öffnet. Es ist ein Gefühl von Befreiung, als würde ich eine schwere Last ablegen, die ich viel zu lange getragen habe.

Av-Ram sagt nichts weiter, aber sein Blick bleibt bei mir wie eine Hand, die sanft auf meiner Schulter ruht. In diesem Blick spüre ich eine Kraft, die nicht drängt, sondern einlädt. Eine Kraft, die nichts erzwingen will, sondern mir den Raum gibt, in dem ich selbst entscheiden kann, welche Erfahrung ich als Nächstes erleben möchte.

Während ich mich weiter öffne, kommen Erinnerungen an die Oberfläche – alte Verletzungen, ungelöste Konflikte, Ängste, die ich lange verdrängt habe. Doch in diesem Raum fühle ich mich sicher genug, um sie zu betrachten, sie anzunehmen, ohne mich von ihnen überwältigen zu lassen.

Av-Ram schaut mich an, und es ist, als ob sein Blick direkt zu meiner Seele spricht. Er sagt: *„Es ist in Ordnung. Alles, was du bist, alles, was du erlebt hast, hat seinen Platz. Du musst nichts ändern, nichts verstecken."*

Mit jedem Atemzug spüre ich, wie diese Wahrheit tiefer in mich einsickert. Ich beginne zu verstehen, dass es keine Stärke ist, sich zu verstecken, sondern sich zu zeigen, so wie man ist. Und in diesem Mich-Zeigen, in diesem Mich-Öffnen finde ich einen Frieden, den ich vorher nicht gekannt habe.

Av-Rams Präsenz spricht zu mir in einer Sprache, die älter ist als Worte. Es ist die Sprache der Seele, die mich daran erinnert, wer ich bin und woher ich komme. Ich verstehe, dass ich nicht allein bin, dass ich geführt werde. Und ich spüre, dass es einen Weg gibt, der vor mir liegt, auch wenn ich ihn noch nicht ganz sehen kann.

Mein Weg beginnt

Als ich schließlich aufstehe, fühle ich mich verändert. Es ist das Gefühl, dass ich etwas wiedergefunden habe, das ich lange verloren geglaubt hatte – eine Verbindung zu mir selbst und zur Welt um mich herum.

Ich spüre, wie die vierte Kraft bereits in mir selbst zu wirken beginnt. Sie durchströmt mich. Ich fühle sie in meinem Herzen, das weit und ruhig schlägt, wie die sanften Wellen eines tiefen Sees. Es ist ein Gefühl von Führung, als würde Av-Ram nun durch mich sprechen, handeln, leben.

Ich bin leer, und doch bin ich berührbar. Nichts zwingt mich, an etwas festzuhalten. Eine leise Traurigkeit schwingt in mir mit, doch sie umhüllt mich nur sanft, ohne mich zu verschlingen. Diese Leere ist wie ein Spiegel, in dem ich alle Emotionen der Welt erkennen kann, ohne mich in ihnen zu verlieren.

Durch meine Augen sehe ich die Welt auf neue Weise. Ich erkenne die Verletzungen und die Schönheit in den Menschen, die mir begegnen. Ich erkenne ihre Kämpfe, ihre Ängste, ihre Wünsche. Doch ich fühle keine Distanz zu ihnen – nur Mitgefühl.

Wenn ich spreche, trägt meine Stimme eine Tiefe, die nicht von mir allein stammt. Ich höre mich Worte sagen, die ich vorher nicht gefunden hätte, Worte, die direkt aus der Seele kommen, Worte, die berühren und heilen.

Ich bin ein lebendiger Tempel, ein heiliges Gefäß der Annahme. Menschen müssen nichts tun, außer in meinem Energiefeld zu verweilen, meine Größe und mein Licht spüren und sich angenommen fühlen. Dieser Tempel ist nicht wie die steinernen Gotteshäuser der großen Religionen, sondern ein Ort von reiner Akzeptanz, ein Ort von Frieden und Freiheit.

Wir Männer der vierten Kraft

Der Raum um mich herum scheint sich zu verändern. Er wird weiter, heller, und in dieser Weite erkenne ich, dass ich nicht allein bin. Ich spüre die Anwesenheit anderer Seelen, die sich in diesem Raum versammeln, wie ein stilles, unsichtbares Geflecht von Verbindungen.

Es ist ein Gefühl von Gemeinschaft, das jedoch nichts Einengendes hat. Diese Gemeinschaft fordert nichts, sondern gibt: Verständnis,

Unterstützung, Präsenz. Ich erkenne, dass ich Teil eines größeren Ganzen bin, und dieses Wissen erfüllt mich mit tiefer Dankbarkeit.

Wir sind die Männer der vierten Kraft – wir sind überall auf der Welt verteilt wie lebendige, heilige Statuen. Wir schaffen Räume, in denen Menschen Zuflucht finden können – Räume ohne Urteil, ohne Anforderungen, gefüllt mit reiner Annahme.

Wir tragen in uns die Größe und den Reichtum von weltlichen Herrschern, doch Politik interessiert uns nicht. Solche Wege haben wir in früheren Leben zur Genüge ausgereizt. Heute sind wir einfache Menschen – Wanderer, Bäcker, Gärtner. Wir können im Wald leben, als Einsiedler oder auch in der Stadt, als gesellige Freunde. Unsere Aufgabe ist unabhängig von den äußeren Umständen im Leben.

Unsere Stärke liegt in der Unscheinbarkeit. Wir bieten keine Angriffsfläche, keinen Ansatzpunkt, an dem man sich reiben könnte, wie zum Beispiel bei Politikern. Menschen können uns nicht manipulieren oder in Schubladen stecken. Wir sind wie der weite Himmel, der nicht ergriffen werden kann.

Ein Leben im Dienst der Seele

Meine Reise kann beginnen: Ich öffne mein Energiefeld, bereit, andere Menschen aufzunehmen. Ich breite meine Arme weit aus, und Menschen kommen von allen Seiten zu mir. Mit Freude teile ich diesen inneren Raum mit ihnen. Mein ganzes Wesen macht auf und wird weit. Meine Arme wachsen, werden immer länger, um alle, die kommen, zu umschließen.

Wenn ich die Hand ausstrecke, spüre ich die Verbindung zwischen mir und allem, was ich berühre. Es ist, als würde ich nicht nur mit der Hand berühren, sondern mit meinem ganzen Sein. Es ist ein Geben, das aus einer Quelle entspringt, die niemals versiegt.

Ich trage die Fähigkeit in mir, unendliche Schicksale in meinem Energiefeld aufzunehmen, ohne dass es mich belastet. Ich gebe den Menschen Schutz und Sicherheit – nicht durch Worte, sondern durch das schlichte Gefühl, dass sie bedingungslos angenommen sind. Ich urteile nicht und frage nicht, ob mich etwas an ihnen stört. Ich existiere jenseits von Moral. Mein Wesen ist riesig und umfassend. Es ist, als könnte ich die ganze Welt in meinem Herzen tragen.

Die Kraft von Av-Ram zeigt mir, wie ich im Dienst der Seele leben kann – meiner eigenen und der Seelen der anderen. Sie lehrt mich, dass wahre Führung nicht darin besteht, die Richtung vorzugeben, sondern einen Raum zu schaffen, in dem Heilung und Wachstum möglich sind.

Ich spüre, wie diese Kraft auch in den stillen Momenten wirkt – in meinem Atem, in meinem Blick, in meiner bloßen Präsenz. Sie ist nicht laut oder auffällig, sondern leise und kraftvoll wie ein Fluss, der unaufhörlich fließt und alles mit Leben erfüllt.

Ich bin wie ein großer, weiser Vater, aber mehr noch als bloß ein Vater. Ein Vater hat Autorität – ich habe Akzeptanz. Mein Weg liegt jenseits der Autorität der Persönlichkeit in der Auflösung und Hingabe in meinem Herzen.

Ich bin Av-Ram, der Seelenvater und begleite nicht nur meine leiblichen Kinder auf ihrem Inkarnationsweg, sondern alle Menschen … auf ihrem Seelenweg.

Av-Ram, der Seelenvater - Die Erklärung

4.1. Die Essenz der vierten Kraft: Das allumfassende Herz

Im Zentrum der vierten Kraft befindet sich das Herz. Das ist der Raum, in dem das Leben frei atmen kann, ohne Angst vor Urteil oder Ablehnung. Die Grundqualität dieser Kraft ist die vollkommene Annahme: ein Zustand, in dem alle Gegensätze ihren Platz haben. Das Herz wird zur Quelle von Licht und Wärme und strahlt weit über den physischen Körper hinaus.

Gleichzeitig fließt in diesem Strahlungsfeld auch eine Energie mit der Sanftheit von Wasser, die alles umschließen und weich einbetten kann. Die vierte Kraft ist stark und sanft zugleich, respektvoll, mächtig und auch ganz zart. Sie strahlt wie eine Sonne, und doch trägt sie in sich die tiefe Stille eines klaren Sees. Ihre Polarität, das Strahlen der Yang Energie und das Verbinden der Yin Energie, bildet die Grundlage eines Raumes, der für alles offen ist.

In dieser Offenheit entsteht eine Leere, die nicht als Mangel empfunden wird, sondern als großzügiger, einladender Raum. Hier ist kein Urteil, kein Bedürfnis nach Kontrolle – nur das Sein.
Diese Leere ist voller Empfänglichkeit. Sie kann alles aufnehmen, ohne zu bewerten oder festzuhalten. Sie ist ein Angebot, das Leben in seiner ganzen Fülle zu umarmen, ohne etwas auszuschließen. Die vierte Kraft ist das Herz, das weder festhält noch abweist, sondern einfach liebt.

4.2. Av-Rams Präsenz wird zum Spiegel

Eine zentrale Qualität von Av-Ram ist seine ungebrochene Präsenz. Er ist da, ganz und gar, mit all seiner Aufmerksamkeit, mit seinem ganzen Sein. Diese Präsenz ist keine Bürde, sondern ein Geschenk, das er macht, ohne etwas dafür zu erwarten.

Wenn wir in die Nähe dieser Kraft kommen, fühlen wir uns gesehen, verstanden und angenommen. Es ist eine Präsenz, die nichts von uns verlangt, sondern einfach nur da ist – wie eine warme Umarmung, die wir nicht sehen, aber spüren können. Diese Präsenz schenkt uns den Raum, den wir brauchen, um uns selbst zu erkennen. In der Nähe von Av-Ram fallen die Masken, die wir normalerweise im Alltag tragen. Wir können sein, wie wir wirklich sind, ohne Angst vor Urteil oder Ablehnung.

Av-Ram ist auch ein Spiegel. In seiner Gegenwart sehen wir uns selbst klarer – nicht nur unsere Stärken, sondern auch unsere Schwächen, unsere Ängste, unsere Schattenseiten. Doch sein Spiegeln ist nicht hart oder schonungslos. Er zeigt uns unsere Wahrheit mit Liebe und Mitgefühl, sodass wir den Mut finden, uns selbst anzunehmen.

Dieser Prozess ist nicht immer einfach. Es kann schmerzhaft sein, sich selbst so unverhüllt zu sehen. Doch genau darin liegt die heilende Kraft von Av-Ram: Er hilft uns, das anzunehmen, was wir vorher abgelehnt haben. Er zeigt uns, dass wir ganz sind, mit all unseren Wunden und Unvollkommenheiten.

4.3. Die Heilung der väterlichen Wunde

Viele von uns tragen eine Wunde, die mit der Vaterfigur in unserem Leben verbunden ist. Vielleicht war der Vater abwesend, körperlich oder emotional. Vielleicht war er streng und unerreichbar oder zu schwach, um uns den Schutz und die Führung zu geben, die wir brauchten.

Diese Wunde hinterlässt in uns ein Gefühl von Unvollständigkeit, was uns oft ein Leben lang begleitet. Es ist das leise, kaum spürbare Sehnen nach einer Hand, die uns hält, nach einer Stimme, die uns ermutigt, nach einem Blick, der uns sagt: *„Du bist genau richtig, so wie du bist."*

Die vierte Kraft kann uns helfen, diese Wunde zu erkennen, anzunehmen und zu heilen. Doch Heilung geschieht nicht, indem wir den Schmerz verdrängen oder leugnen. Im Gegenteil: Av-Ram führt uns dazu, diesen Schmerz mit offenen Augen zu betrachten, ihn zu fühlen und ihn als Teil unserer Geschichte anzunehmen.

In der Gegenwart von Av-Ram dürfen wir uns die Frage stellen: *„Was habe ich mir von meinem Vater gewünscht, das ich nicht bekommen habe?"* Diese Frage kann schmerzhaft sein, doch sie ist auch der Schlüssel zur Heilung. Denn sobald wir erkennen, was uns gefehlt hat, können wir beginnen, es uns selbst zu geben.

Die väterliche Kraft von Av-Ram zeigt uns, dass wir die Liebe, die wir im Außen gesucht haben, in uns selbst finden können. Er lehrt uns, dass die wahre Quelle von Schutz, Geborgenheit und Anerkennung nicht im Anderen liegt, sondern in unserer eigenen Seele.

4.4. Eine Brücke zwischen den Welten

Die vierte Kraft verbindet Welten. Sie hält einen Raum, in dem Menschen die Verbindung zu etwas Größerem spüren können – zu ihrer eigenen Seele, zur geistigen Welt oder zu höheren Dimensionen des Seins. Ihr Energiefeld wirkt wie ein Resonanzraum, der sich einstimmt und einschwingt, sodass geistige Helfer, Engel und andere lichtvolle Kräfte leichter zu den Menschen durchdringen können.

Av-Rams Energiefeld ist rein, still und voller Annahme. Menschen, die sich in ihm aufhalten, spüren, wie die Hektik und die Spannungen des Alltags von ihnen abfallen. In dieser Ruhe können sie sich öffnen, ohne es bewusst zu merken. Die Sinne werden weit und empfänglich für die feinen und leisen Stimmen der geistigen Welt. Das Energiefeld der vierten Kraft schafft die Voraussetzungen dafür, dass sich die Seele erinnern kann und Heilungsprozesse auf natürliche Weise initiiert werden.

Wie ein heiliger Tempel lädt diese Kraft dazu ein, einfach nur da zu sein. Sie stellt keine Bedingungen, sie urteilt nicht. In ihr ist jeder Mensch willkommen – genauso, wie er ist. Diese bedingungslose Annahme öffnet Türen, die im „normalen", alltäglichen Leben verschlossen blieben. Es ist, als würde ein Schleier gelüftet, sodass der Mensch wieder beginnen kann, seine eigene innere Führung wahrzunehmen.

Die Brücke zwischen den Welten ist nicht aus Stein, sondern aus der Wasser-Licht-Energie des Herzens. Sie verbindet das Irdische mit dem Geistigen, ohne dabei zwischen ihnen zu unterscheiden.

Denn in der vierten Kraft gibt es keine Trennung – hier ist alles Eins.

4.5. Grenzenlose Freiheit: Jenseits von Urteil und Moral

Freiheit ist eines der großen Geschenke der vierten Kraft. Doch diese Freiheit ist nicht die des Egos, das nach Selbstbestimmung strebt, sondern die Freiheit des Seins. Es ist die Freiheit, nichts erreichen zu müssen, nichts beweisen zu müssen, nichts kontrollieren zu müssen. In der vierten Kraft schwingt die Loslösung von allen Konzepten, die die Seele einengen könnten.

Das Urteil ist die Wurzel der Unfreiheit. Solange der Mensch bewertet – sich selbst, andere oder das Leben – bleibt er gefangen in der Dualität, in seinen eigenen Gedanken. Die vierte Kraft durchbricht diesen Kreislauf, indem sie alles willkommen heißt. Es gibt kein „gut" oder „schlecht", kein „richtig" oder „falsch". Es gibt nur das Leben, das sich in seiner Vielfalt zeigt.

Diese Annahme schafft einen Raum, der größer ist als jede Moral. Moral ist stets ein Produkt des Verstandes, der versucht, das Leben in Regeln zu fassen. Doch das Leben ist frei, wild und unkontrollierbar. Die vierte Kraft erkennt dies an und gibt sich dem Leben hin, ohne es zähmen zu wollen. Wahre Freiheit liegt nicht darin, die Welt im Außen zu ändern, sondern darin, sich selbst im Inneren zu öffnen.

Die Freiheit der vierten Kraft ist eine Freiheit, die keine Grenzen kennt, weil sie nichts abwehrt. Sie ist das Feld, in dem alle Unterschiede verschmelzen, in dem Gegensätze nicht mehr als Widersprüche empfunden werden, sondern als Facetten eines Ganzen. Es ist die Freiheit, einfach nur zu sein.

4.6. Die vierte Kraft als universeller Archetyp

Die vierte Kraft ist nicht nur eine Energie, sondern auch ein Wesen, eine Präsenz. Sie ist der Seelenvater, ein Archetyp, der Sicherheit und Geborgenheit bietet, ohne etwas dafür zu fordern. Der Seelenvater urteilt nicht, kontrolliert nicht, und er zieht keine Grenzen. Er kreiert ein Raum, in dem die Seele sich ausdehnen kann.

Seine Stärke liegt in seiner Sanftheit. Er bietet keine Lösungen an und stellt keine Regeln auf. Er ist einfach nur da, mit einer Liebe, die nicht an Bedingungen geknüpft ist. Diese bedingungslose Annahme ist es, die die Menschen inspiriert und beflügelt, einfach nur sie selbst zu sein.

Die vierte Kraft hat nichts mit Autorität zu tun. Sie ist keine Macht, die kontrolliert oder erzwingt. Sie ist vielmehr eine stille, unsichtbare Gegenwart, die Menschen einlädt, in ihrer Nähe zu verweilen und sich selbst wiederzufinden. Sie ist wie der weite Himmel, der alles umfasst, ohne je einzuengen.

4.7. Praktische Integration der vierten Kraft

Die vierte Kraft ist nicht nur ein Konzept, sondern eine lebendige Praxis, die den Alltag eines jeden Menschen bereichern kann. Hier ein paar Vorschläge:

Raum geben
Setze dich mit jemandem zusammen und höre wirklich zu – ohne zu unterbrechen, ohne Ratschläge zu geben. Sei einfach präsent und schenke dieser Person deine volle Aufmerksamkeit.
Das Herz öffnen
Meditiere jeden Tag, um den Raum deines Herzens zu spüren.

Atme tief in dein Herz ein und aus und stell dir vor, wie es sich dadurch immer weiter ausdehnt. Visualisieren wie Licht und Wasser in deinem Herzen zusammen fließen.

Der innere Vater – ein Selbstgespräch
Suche einen ruhigen Ort und stelle dir vor, dass Av-Ram vor dir sitzt. Frage ihn, was du über dich selbst wissen solltest, und lausche seiner Antwort. Schreibe deine Eindrücke auf.

Mitgefühl praktizieren
Wähle eine Situation, in der du jemanden beurteilt hast. Stelle dir diesen Menschen erneut vor und versuche, seine Perspektive zu verstehen. Was könnte er fühlen, was könnte er brauchen?

Annehmen üben
Beobachte deine Reaktionen auf andere Menschen oder Situationen. Übe, sie einfach wahrzunehmen, ohne sie zu bewerten.

Die eigene Seele nähren
Nimm dir Zeit für dich selbst, um die Verbindung zu deiner eigenen Seele zu stärken. Das kann ein Spaziergang in der Natur sein, eine Meditation oder einfach ein Moment der Stille.

Die väterliche Kraft ehren
Schreibe einen Brief an die väterliche Kraft in deinem Leben – sei es dein tatsächlicher Vater, eine Vaterfigur oder die innere Kraft von Av-Ram. Drücke in diesem Brief deine Dankbarkeit aus und erkenne die Rolle an, die diese Kraft in deinem Leben spielt.

5. Kraft: Liquid Metal Man

Die Erfahrung

Es beginnt mit einem leisen Zittern, ein kaum wahrnehmbares Vibrieren tief in meinem Inneren. Ich spüre, wie sich in mir etwas bewegt, wie eine Kraft sich regt, die sich weder einordnen noch greifen lässt. Mein Körper wird schwer und leicht zugleich, als würde ich die festen Grenzen verlieren, die mich zusammenhalten. Ich lasse meinen Blick schweifen. Die Welt um mich herum scheint sich zu verändern – ihre Konturen werden weicher, ihre Farben durchscheinender.

Ein Wesen aus flüssigem Metall

Und dann geschieht es: Ein Riss geht durch mich hindurch, und alles, was ich für fest und sicher gehalten habe, löst sich auf. Ich spüre, wie ich flüssig werde, wie meine Substanz sich verwandelt. Ich bin kein starrer Körper mehr, sondern eine Masse aus fließendem, lebendigem Metall.

Das Gefühl ist überwältigend. Ich bin nicht länger gefangen in der Enge meines alten Selbst, sondern werde zu etwas, das unendlich anpassungsfähig, unaufhaltsam und frei ist. Mein Körper schimmert und glänzt, als würde er das Licht selbst in sich tragen.

Ich bin ein Wesen aus Metall, ein Fluss aus Eisen und Stahl. Meine Schritte berühren die Erde mit Nachdruck, und doch gleiten sie leicht wie Wasser, das unaufhaltsam seinen Weg findet. Ich bin der Tanz der Elemente, das Feuer, das Eisen schmilzt, das Wasser, das es kühlt, die Erde, die es formt.

Meine Hände sind Werkzeuge dieser Kraft. Sie wollen gestalten, sie wollen formen – nicht aus persönlichen Motiven, sondern aus einer tiefen, kosmischen Bewegung heraus.

Und diese Bewegung entspringt nicht meinem Verstand, nicht dem Chaos meiner Gedanken oder Emotionen. Sie entspringt der Klarheit, die aus meinem tiefsten Inneren kommt. Ich spüre, wie die Hände den Rhythmus des Lebens aufnehmen, wie sie erschaffen, was sein soll. Mein Körper folgt ihren Impulsen, ein Instrument, das von der Melodie des Seins gespielt wird.

Von außen mag ich erscheinen wie ein Ritter in glänzender Rüstung. Doch diese Gestalt ist nur der Schein, den die Welt erkennt. In Wahrheit bin ich flüssig. Ich bin Liquid Metal – Metall im Zustand des Übergangs, ohne Härte, ohne Starrheit. Ich bin beides: das Geformte und das Formbare. Ich bin der Tänzer, der nicht tanzt, sondern von der Musik selbst getanzt wird.

Ein Mandala der Vollkommenheit

Diese Kraft ist nicht nur eine Energie. Sie ist ein Mandala der Vollkommenheit. Stell dir ein Oktagon vor, jede Seite eine Facette dieser Kraft. Wenn es ruht, ist es klar und geordnet. Doch wenn es sich dreht, wird es zu einem Kreis – dynamisch, ausdehnend und transformierend. Die fünfte Kraft ist eine Bewegung, die nicht beginnt und nicht endet, die aus dem Unerklärbaren entsteht und in die Unendlichkeit zurückgeführt wird.

Ich bewege mich, doch meine Bewegungen sind nicht länger gebunden an die gewohnten Regeln. Ich fließe, wandle mich, passe mich an. Meine Gestalt ist nicht fixiert, sondern fließend wie Wasser, das jede Form annehmen kann.

Ein Hindernis taucht vor mir auf, doch es hat keine Bedeutung. Ich zögere nicht, ich halte nicht an. Ich fließe um das Hindernis herum, durch es hindurch, ohne Widerstand, ohne Kraft zu verlieren. Es gibt nichts, was mich stoppen könnte, solange ich mich bewege. Ich bin wie ein Fluss aus Metall, der jede Begrenzung überwindet, ohne seine Essenz zu verlieren.

Eine unbeugsame Durchsetzungskraft durchströmt mich. In ihr bin ich unverletzlich, unberührbar von äußeren Einflüssen oder Krankheiten. Ich habe den Mut und die Unmittelbarkeit, Dinge einfach und direkt in die Welt zu bringen. Und wenn sie sich manifestieren, kann nichts sie aufhalten. Jeder Widerstand ist sinnlos – er verzögert nur das Unvermeidliche. Denn die fünfte Kraft entspringt nicht meinem persönlichen Willen, sondern dem göttlichen Plan.

Die Weisheit des Wartens

„Wir Männer der fünften Kraft singen die Zeit in die Welt", flüstern sie, *„wir formen die Welt in den Rhythmen der Ewigkeit."*

Ich spüre eine Unbezwingbarkeit in mir, eine Ruhe, die tiefer reicht als jedes Wort. Meine Kraft lässt sich nicht manipulieren oder beeinflussen, sie kennt keine Unentschlossenheit, keine Schwäche. Und meine Stärke ist nicht die Härte, sondern eine Weichheit, die sich an jede Gegebenheit anpasst und alles annehmen kann, wie es sich mir zeigt.

Wenn ich handle, so ist es niemals aus Hast oder Ungeduld. Ich warte, bis die Zeit reif ist, bis die Stunde ruft, und dann setze ich um, was getan werden muss. In meinen Bewegungen liegt eine Bestimmtheit, die weder zaudert noch zurückweicht. Kein Zweifel trübt meine Gedanken, keine Furcht hält mich zurück. Ich bin die Ruhe vor der Tat und die Tat selbst, wenn sie geschieht.

Wir, die Männer der fünften Kraft, wissen um die Weisheit des Wartens. Wir verstehen, dass jede Kreation ihre Zeit hat. Doch wenn der Moment gekommen ist, handeln wir: präzise, klar, unwiderruflich. Es gibt kein Zögern, kein Hin und Her. Die fünfte Kraft kennt keine Halbheiten. Sie ist ein Ja oder ein Nein, ein Jetzt oder ein Niemals.

Die Exekutive der Evolution

Die fünfte Kraft durchströmt mich wie ein Fluss, der neue Ufer formt. Sie hat keine Moral, keine Philosophie, keine Doktrin. Ihre Bewegungen sind einfach und direkt wie die Zyklen der Natur. Sie führt mich, lässt mich handeln – aber nicht aus Gut und Böse, sondern aus dem einfachen Drang, zu sein. Ich bin die Exekutive der Natur, der göttliche Plan in Aktion. In meiner Essenz vereinen sich das Schaffende und das Zerstörende, welche in keiner Weise für mich einen Gegensatz bilden.

In mir lebt ein Geist, der größer ist als ich. Er führt meine Hände, meine Schritte, meine Taten. Manche mögen mich die rechte Hand Gottes nennen, andere einen Engel der Schöpfung. Ich spüre in mir ein Fließen, das sowohl gestaltet als auch zerstört. Denn beides sind nur zwei Seiten derselben Münze. Wo Neues entsteht, muss Altes weichen. Wo Altes vergeht, wird Raum für Neues geschaffen. Ich bin ein Diener dieses ewigen Wandels, ein Gefäß für die Bewegungen des Lebens.

Doch Vorsicht: Wenn mein Bewusstsein von emotionalem und mentalem Nebel eingehüllt wird, von der Wolke des Egos verdunkelt wird, kann ich großes Unheil anrichten. Dann erlebe ich die fünfte Kraft als Energie, die Chaos produziert, die Krieg und Leid über die Welt bringen kann.

Und obwohl ich mein eigenes Wüten inmitten der unwiderruflichen Zerstörungskraft anschauen kann, ohne mit der Wimper zu zucken, weiß ich, dass dies nicht meine wahre Natur ist. In meiner Reinheit bin ich ein Werkzeug der Evolution, eine Brücke zwischen Geist und Materie, zwischen dem Unsichtbaren und dem Sichtbaren, zwischen Gott und der Welt.

Die Kraft der Schöpfung

Die Vorstellung, sich der fünften Kraft entgegenzustellen, gleicht dem Versuch, den Wind aufzuhalten oder das Meer zurückzudrängen. Es ist vergeblich und bringt nichts als Leiden. Doch wer sich dieser Kraft hingibt, wird Teil ihres Flusses. Und in diesem Fluss gibt es keine Angst, keine Verwirrung – nur die Gewissheit, dass alles genau so ist, wie es sein soll.

Die fünfte Kraft ist wie ein lebendiges Metall, das sich immer wieder neu formt. Sie ist die Kraft der Schöpfung, die aus der Tiefe der göttlichen Quelle strömt. Sie ist nicht kalt, sondern warm wie geschmolzenes Gold. Sie ist nicht starr, sondern fließend wie Quecksilber. Und doch ist sie stärker als jeder Stein, unnachgiebiger als jede Mauer.

Die fünfte Kraft trägt die Zyklen der Evolution in sich. Sie ist der Atem der Natur, der Rhythmus der Schöpfung. Ihre Essenz ist nicht menschlich, sondern kosmisch. Sie ist der göttliche Plan, der sich in die Tat umsetzt. Und doch manifestiert sie sich durch mich, durch meine Hände, meine Taten, meine Schöpfungen. Ich bin das

Werkzeug dieser Kraft, und in diesem Dienst finde ich meine wahre Bestimmung.

Liquid Metal Man - Die Erklärung

5.1. Die Essenz der fünften Kraft
archetypische männliche Durchsetzungskraft

Die fünfte Kraft ist der Puls der Zielstrebigkeit. Sie verkörpert den archetypischen männlichen Drang, Dinge voranzutreiben, Hindernisse zu überwinden und Ziele zu erreichen. Doch ihre Essenz reicht tiefer als bloße Entschlossenheit. Sie ist eine Verbindung von scheinbaren Gegensätzen: Festigkeit und Fließen.

In ihrer Festigkeit gleicht sie dem unerschütterlichen Fels, der alles trägt. In ihrem Fließen erinnert sie an den Strom eines Flusses, der sich jedem Hindernis anpasst und seinen Weg dennoch unaufhaltsam findet. Die fünfte Kraft ist die Harmonie dieser beiden Prinzipien: Standhaftigkeit, die sich nicht verhärtet, und Beweglichkeit, die nicht zerfließt.

Der Liquid Metal Man ist nicht nur eine Quelle der Stärke, sondern auch der Klarheit. Er weiß, was getan werden muss, und zögert nicht. Er ist präzise, fokussiert und kompromisslos in seiner Ausführung. Seine Essenz lehrt uns, dass wahre Stärke nicht in der Härte liegt, sondern in der Fähigkeit, gleichzeitig fest und fließend zu sein.

5.2. Die Eigenschaften der fünften Kraft

Die fünfte Kraft zeigt sich in drei zentralen Eigenschaften, die ihre Wirkung ausmachen: Durchsetzungskraft, Gestaltungskraft und Präzision.

Unbeugsame Durchsetzungskraft

Diese Kraft ist wie eine Welle, die unaufhaltsam voranschreitet. Sie überwindet Hindernisse nicht durch rohe Gewalt, sondern durch die Klarheit ihres Ziels. Widerstand macht sie nicht schwächer – im Gegenteil, er schärft ihre Entschlossenheit. Sie ist die Kraft, die sagt: *„Hier ist der Weg, und ich werde ihn gehen."*

Gestaltungskraft

Die fünfte Kraft ist schöpferisch. Sie bringt Visionen in die Welt, transformiert Gedanken in Formen, Ideen in Handlungen. Sie hat die Fähigkeit, das Unsichtbare sichtbar zu machen und neue Strukturen zu schaffen. Doch diese Gestaltungskraft ist nicht willkürlich, sie ist immer ein Ausdruck des göttlichen Plans.

Präzision und Timing

Eine ihrer großen Stärken liegt in ihrer Geduld. Die fünfte Kraft handelt nie aus Hast, sondern wartet auf den richtigen Moment. Sie erkennt, wann die Zeit reif ist, und handelt dann mit unfehlbarer Präzision. Ihre Tat ist kein impulsiver Schlag, sondern ein gezielter Schritt.

5.3. Das Paradox der fünften Kraft: Festigkeit und Fließen

Der Liquid Metal Man ist ein lebendiges Paradox. Seine Festigkeit gibt ihm Stabilität, während sein Fließen ihn beweglich und anpassungsfähig macht. Diese beiden Qualitäten scheinen sich zu widersprechen, doch in der fünften Kraft verschmelzen sie zu einer harmonischen Einheit.

Festigkeit bedeutet, eine klare Form zu haben, eine Richtung, die nicht aufgegeben wird. Fließen bedeutet, auf Widerstände zu reagieren, sich anzupassen, ohne das Ziel aus den Augen zu verlieren. Die fünfte Kraft lehrt uns, dass wirkliche Stärke in der Balance liegt: im Standhaften, das fließt, und im Beweglichen, das stabil bleibt. Dieses Zusammenspiel macht sie so unwiderstehlich und damit zu einem mächtigen Katalysator für Veränderungsprozesse in der Welt.

Doch dies ist kein statischer Zustand, sondern ein Tanz der Gegensätze, der uns lehrt, kreativ auf die Herausforderungen des Lebens zu antworten. Die Festigkeit bewahrt uns davor, uns zu verlieren, während das Fließen uns erlaubt, offen und flexibel zu bleiben. Wenn wir diese Balance beherrschen, können wir unsere Ziele verfolgen, ohne uns von Hindernissen oder Rückschlägen aus der Bahn werfen zu lassen.

Die fünfte Kraft schenkt uns die Freiheit, uns zu verändern, ohne dabei unsere Essenz zu verlieren. Sie zeigt uns, dass unsere Durchsetzungskraft nicht in Unnachgiebigkeit liegt, sondern in der Fähigkeit, uns an äußere Gegebenheiten anzupassen, während wir uns selbst treu bleiben.

5.4. Die Dynamik der Evolution

Die fünfte Kraft ist keine statische Energie – sie ist Bewegung. Sie ist die ausführende Kraft der Evolution, die die kosmische Ordnung in die Tat umsetzt. In ihr spiegeln sich die Rhythmen der Natur und die Zyklen des Lebens wider.

Der Liquid Metal Man ist die Exekutive des göttlichen Plans. Aber er handelt niemals willkürlich oder aus eigenem Antrieb, sondern folgt den großen Strömen des Lebens. Er ist wie ein Fluss, der sich im Rhythmus der kosmischen Ordnung bewegt und unsichtbare

Ideen in die sichtbare Welt bringt. Er überführt den Willen der Schöpfung in Form und Tat.

Die fünfte Kraft bewegt sich im Einklang mit den natürlichen Zyklen von Geburt, Wachstum und Vergehen. Sie versteht, dass Schöpfung und Zerstörung keine Gegensätze sind, sondern ein und derselbe Prozess. Wo Neues entsteht, muss Altes weichen – das ist das Gesetz der Natur, das die fünfte Kraft in sich trägt.

Wenn wir mit dieser Kraft arbeiten, erleben wir, wie sich Ideen in Realitäten verwandeln, wie Träume zu Taten werden. Sie ist der Impuls, der das Unsichtbare greifbar macht. Dabei zeigt sich ihre Dynamik nicht in hektischer Aktivität, sondern in zielgerichteter Präzision.

Diese Dynamik verlangt jedoch auch, dass wir bereit sind, loszulassen. Denn nur wenn wir das Alte gehen lassen, schaffen wir Raum für das Neue. Die fünfte Kraft hilft uns, diesen Prozess mit Klarheit und Zuversicht zu durchlaufen.

5.5. Die transformative Kraft von Liquid Metal Man

Liquid Metal Man ist die Verkörperung der fünften Kraft. Er ist ein Wesen, das die Brücke zwischen Geist und Materie schlägt, zwischen Vision und Wirklichkeit. Seine Essenz ist die Schöpfung in Bewegung. Er trägt die Fähigkeit, das Unsichtbare in die sichtbare Welt zu bringen.

Der Liquid Metal Man formt und gestaltet, ohne von Zweifeln oder Ängsten zurückgehalten zu werden. Seine Handlungen sind Ausdruck einer Kraft, die über das Menschliche hinausgeht. Er ist das Instrument, durch das der göttliche Plan Form annimmt.

Doch diese Macht birgt auch Gefahren. Wenn sie vom Ego oder von emotionalen Verstrickungen gesteuert wird, kann sie destruktiv wirken. Sie zerstört dann nicht, um Platz für Neues zu schaffen, sondern aus Unklarheit oder Überreaktion. Diese Gefahr zeigt uns, wie wichtig es ist, die Reinheit dieser Kraft zu bewahren und sie in Harmonie und im Einklang mit der Natur einzusetzen.

In ihrer reinen Form vereint die fünfte Kraft das Schaffende und das Zerstörende. Sie zeigt uns, dass beide Aspekte notwendig sind, um den Fluss des Lebens aufrechtzuerhalten. In dieser Kraft liegt die Fähigkeit, die Welt nicht nur zu verstehen, sondern auch aktiv zu gestalten. Damit wird sie zu einem mächtigen Werkzeug der Schöpfung, das in Harmonie mit den Rhythmen des Lebens wirkt.

5.6. Praktische Integration der fünften Kraft

Die fünfte Kraft ist nicht nur eine Idee – sie kann gelebt und erfahren werden. Durch bewusste Übungen können wir ihre Energie in unser Leben integrieren:

Hindernisse umfließen

Denke an eine Situation, in der du dich blockiert fühlst. Stelle dir vor, dass du wie flüssiges Metall bist, das um das Hindernis herum fließt. Spüre, wie sich deine Perspektive verändert, wenn du den Widerstand loslässt.

Flexibilität üben

Suche dir eine alltägliche Situation, in der du normalerweise mit Starrheit reagierst – zum Beispiel eine unerwartete Änderung im Plan. Übe, flexibel darauf zu reagieren, und beobachte, wie es sich anfühlt, mit dem Fluss zu gehen.

Übung zur Entfaltung von Durchsetzungskraft

Visualisieren ein Ziel und stelle dir vor, wie du es schon erreicht hast, ohne Stress und ohne Zweifel.

Transformation visualisieren

Setze dich in einen ruhigen Raum und stelle dir vor, wie sich ein starrer Gegenstand in deinen Händen in flüssiges Metall verwandelt. Visualisiere, wie du es neu formst, und übertrage diese Übung auf eine Herausforderung in deinem Leben.

Balance finden

Schreibe auf, welche Werte für dich unveränderlich sind und welche Aspekte deines Lebens du bereit bist, zu verändern. Erkenne die Balance zwischen dem, was bleibt, und dem, was fließt.

6. Kraft: Der Vaterleib

Die Erfahrung

Einschwingen auf die sechste Kraft

Es ist einer dieser Momente, in denen es sich anfühlt, als hielte die Welt den Atem an. So als ob sie uns auffordern würde, in die Stille zu gehen und zu lauschen. Ich spüre, wie die Luft um mich herum schwerer wird. Sie verdichtet sich, wird greifbar, fast sichtbar. Jeder Atemzug trägt Gewicht.

Meine Sinne öffnen sich, werden schärfer, feiner, empfindlicher. Geräusche, die ich vorher nicht wahrgenommen habe, füllen den Raum wie leise Wellen. Der Boden unter meinen Füßen beginnt ganz leicht zu vibrieren – als würde er mich tragen, mich halten und einladen, lockerer und feiner zu werden. Es ist, als ob eine unsichtbare Hand mich sanft in eine andere Realität zieht, wo alles langsamer, dichter und bewusster wird.

Zuweilen fühle ich mich wie eingemauert, steif und fest, als wäre ich selbst zu Stein geworden. Und doch ist da eine Weichheit in mir, eine Wärme, die durch die Härte hindurch strahlt. Diese Weichheit, dieses Fließen, kommt plötzlich und unerwartet, wie eine warme Dusche, die mich überströmt. Es ist, als ob ich Teil eines größeren Pulses werde, eines kosmischen Herzschlags, der mich trägt und mir gleichzeitig seine Präsenz einhaucht. Alles in mir wird wach.

Der gebärfreudige Mann

In diesem Moment nehme ich eine dichte Energie um mich herum wahr, ein vibrierendes Feld, das mich hält. Es ist wie ein Kokon, ein Raum der Kondensierung, in dem alles möglich ist. Und genau dort, in diesem Raum, spüre ich es: Etwas will geboren werden. Es drängt durch mich hindurch, als würde mein Unterleib von einer unsichtbaren Kraft durchflutet, die schreit: *„Lass mich heraus!"*

Ich habe gelernt, diesen Ruf nicht zu fürchten, sondern ihm zu folgen. Denn das ist die sechste Kraft – eine Schöpfungskraft, die nicht nur Frauen vorbehalten ist. Auch als Mann habe ich die Fähigkeit, zu gebären. Nicht Leben, wie eine Frau es tut, sondern Ideen, Visionen, ganze Welten. Ich bin der gebärfreudige Mann, der Vaterleib, der Raum, in dem alles entsteht.

Der Schöpfungsprozess

Es ist nicht das Ergebnis, das mich antreibt. Es ist der Prozess selbst, der mich in seinen Bann zieht. Mit jedem Atemzug spüre ich, wie sich Energie in mir sammelt, wie sie schwerer und dichter wird. Diese Dichte trägt eine gewaltige Spannung in sich – wie ein gespannter Bogen, der bereit ist, den Pfeil loszulassen. Aber noch halte ich inne. Nicht, weil ich zögere, sondern weil ich den Moment koste, diesen schmalen Grat zwischen Anspannung und Freigabe.

Meine ganze Aufmerksamkeit liegt nicht auf dem Anfang oder dem Ende, sondern auf dem Gebären selbst. Ich bin der Hüter dieses Prozesses, der Raum, in dem Schöpfung geschieht. Jeder Atemzug verdichtet sich zu einem Hauch von Magie, zu einem Tanz der Kräfte, die sich in mir versammeln und mich durchfluten.

Wenn ich mich dieser Kraft hingebe, wird die Welt still. Alles um mich herum verliert an Schärfe, nur die Energie bleibt, die in mir pulsiert. Ich tauche ein in eine Dimension, in der Zeit und Raum verschwimmen, und jeder Gedanke wird zu einem unendlichen Moment.

Der Raum, in dem das Leben sich entfalten kann

Ich spüre, wie sich in meinem Unterleib ein Brunnen füllt, ein Quell der Kraft, der stetig wächst. Das Fließen dieser Energie ist sanft und doch unaufhaltsam. Es gibt keine Hast, keinen Druck. Alles geschieht in seinem eigenen Tempo, als ob das Universum selbst durch mich atmen würde. Ich fühle mich zutiefst verbunden: mit mir selbst, mit der Welt und mit dem Göttlichen.

Und dann geschieht es: In mir wird ein Impuls geboren. Es fühlt sich an wie ein zarter Same, der offen in meinen Händen liegt. Dieser Impuls ist wie ein Flüstern, das sich langsam zu einem Lied formt und in meinem ganzen Wesen widerhallt. Ich halte ihn behutsam, schütze ihn, lasse ihn reifen, bis er bereit ist, geboren zu werden.

Ich bin kein Schöpfer im klassischen Sinne, kein Baumeister, der Formen aus seiner eigenen Vorstellungskraft erzeugt. Ich bin ein Träger, eine Schale. Ich bin der Raum, in dem das Leben selbst sich entfalten kann. Es ist eine heilige Aufgabe, die mich mit großer Ehrfurcht erfüllt.

Mein Opfer auf dem Altar aus Licht

Doch das Halten ist nicht immer leicht. Es ist eine Prüfung, die mich bis an meine Grenzen bringt. Manchmal fühle ich mich wie ein Krieger, der unter dem Gewicht seiner Rüstung in die Knie gezwungen wird. Es gibt Momente, in denen ich alles loslassen muss: meinen Verstand, meine Vorstellungen, mein Ego.

Diese Momente sind schmerzhaft, doch sie reinigen mich, schälen alles Überflüssige ab, Stück für Stück, wie eine alte Haut. In diesen Momenten sterbe ich, um geboren zu werden. Es ist ein Tanz zwischen Schmerz und Befreiung. Denn nur, wenn ich ganz leer bin, werde ich zu einem Gefäß, das die sechste Kraft wirklich halten kann.

Ich sehe mich selbst, wie ich auf einem Podest aus Licht liege. Die Luft um mich herum ist erfüllt von Düften, die mich umhüllen, mich halten wie eine Mutter ihr Kind. Ich fühle mich sicher, beschützt und getragen.

Es ist ein Moment purer Magie. Ich spüre, wie Energien sich um mich herum verdichten, wie Atome sich verbinden und etwas Neues entsteht. Es ist, als ob das Universum durch mich hindurch ein Kunstwerk schafft. Aber ich bin nicht der Schöpfer dieses Kunstwerks. Ich bin die Leinwand, auf der das Universum malt, der Raum, in dem die Schöpfung geschieht.

Die Kraft der Langsamkeit

Die sechste Kraft ist eine Kraft der Langsamkeit, und ich spüre sie mit jedem Atemzug. Sie zwingt mich, innezuhalten, präsent zu sein, mich vollständig in den Moment hineinzugeben. Es gibt keine Eile, keine Dringlichkeit, nur die stille Schönheit dieses Prozesses.

Jeder Augenblick wird zu einem Meisterwerk, jedes Detail trägt die Handschrift des Göttlichen. Ich bin kein Zuschauer, sondern ein Teil des Prozesses – ein Werkzeug, durch das diese Langsamkeit wirkt.

Und dann kommt der Moment, in dem ich loslassen muss. Es ist, als ob ein Sturm in mir aufzieht, der alles in Bewegung setzt. Ein Schrei, wild und roh, steigt in mir auf – ein Urschrei, der alles löst, was mich zurückhält.

Ich weiß, dass es nun Zeit ist, das Gehaltene freizugeben. Und ich lasse los … mit einer Freude, die so tief geht, dass sie alles in mir reinigt. Es ist ein Akt der Liebe, nicht des Verlusts – ein Moment, der mich zutiefst berührt und erfüllt, anstatt mich leer zu machen.

Tiefe Verbundenheit

Doch die sechste Kraft ist mehr als nur ein schöpferischer Impuls. Sie ist auch eine Kraft, die zusammen führt. Ich spüre, wie sie sich ausdehnt, wie sie mich mit allem verbindet – mit den Menschen, mit der Welt um mich herum, mit allen lebenden Wesen. Und in dieser Verbindung liegt eine tiefe Brüderlichkeit, eine Freundschaft, die keinen Besitz kennt. Ich halte den Raum nicht, um etwas festzuhalten, sondern um etwas wachsen zu lassen.

Diese Verbindung gleicht einem lebendigen Band – atmend, fließend, stets im Wandel. Ich bewahre sie, wie ich die Schöpfung bewahre – nicht aus Pflicht, sondern aus Liebe. Denn ich weiß, dass die Liebe das ist, was uns alle verbindet.

Die sechste Kraft hat mir gezeigt, wie tief ich mit dem Leben verbunden sein kann. Sie hat mir beigebracht, wie es ist, ein Schöpfer zu sein, ohne zu besitzen, ein Hüter zu sein, ohne zu herrschen. In ihr finde ich eine Freundschaft mit der Welt, die so rein ist, dass sie alles umfasst. Und mir wird klar: In jedem Moment, in dem ich diese Kraft lebe, halte ich nicht nur den Raum für mich selbst, sondern für uns alle.

Der Vaterleib - Die Erklärung

6.1. Die Essenz der sechsten Kraft: Raum des Gebärens

Die sechste Kraft ist das Herzstück jedes Schöpfungsprozesses. Sie kreiert einen Raum, in dem Ideen, Visionen und Energien sich sammeln, verdichten und schließlich in die Welt geboren werden. Sie ist keine Kraft des Anfangs oder des Endes – sie lebt in der Mitte, im Prozess. Der Vaterleib ist nicht der Ursprung der Schöpfung, und er ist auch nicht ihr Ziel. Er ist der tragende Raum, in dem alles gehalten und genährt wird, bis es bereit ist, sich eigenständig im Leben zu entfalten.

In dieser Kraft liegt eine tiefe Weisheit, die oft übersehen wird: Es geht nicht um das Ergebnis, sondern um den Prozess selbst. Der Vaterleib fordert uns auf, im Moment zu verweilen, präsent zu sein, die Schöpfung nicht zu drängen, sondern sie geschehen zu lassen.

Diese Haltung ist zutiefst männlich, nicht weil sie beherrscht oder sich durchsetzt, sondern weil sie fokussiert und stabil bleibt. Der Vaterleib hält den Raum, wo das Weibliche fließen kann, und gibt der Energie die Struktur, die sie braucht, um sich zu verdichten.

Das zentrale Prinzip der sechsten Kraft ist das Halten. Sie ist der Kelch, der die Energie in sich aufnimmt und schützt, bis sie gefestigt genug ist, in die Welt hinauszutreten. Sie ist der Hüter des Raumes, der es ermöglicht, dass Schöpfung in ihrem eigenen Tempo reifen kann. Ohne diesen Raum gibt es keine Geburt, keine Manifestation.

6.2. Die Eigenschaften der sechsten Kraft

Langsamkeit und Feinfühligkeit

Die sechste Kraft lebt in der Langsamkeit. Sie drängt nicht, sie eilt nicht, denn sie weiß, dass alles seine Zeit hat. In einer Welt, die immer schneller wird, ist diese Langsamkeit eine Herausforderung und gleichzeitig ein Geschenk. Denn nur in der Langsamkeit können wir die Feinheiten des Schöpfungsprozesses wahrnehmen. Der Vaterleib ist ein Meister der Details. Er sieht, was andere übersehen, spürt, was andere ignorieren. Seine Stärke liegt in seiner Feinfühligkeit, die es ihm erlaubt, den Prozess des Gebärens auf einer tiefen Ebene zu begleiten.

Präsenz und Fokus

Die sechste Kraft ist vollkommen präsent. Sie lässt sich nicht ablenken, nicht von äußeren Einflüssen, nicht von inneren Zweifeln. Diese Präsenz ist es, die sie so kraftvoll macht. Der Vaterleib ist der Fels in der Brandung, der alles zusammenhält, während die Welt um ihn herum tobt. Doch diese Stabilität ist kein Stillstand, sondern ein wacher, bewusster Fokus – eine Hingabe an den Moment. Ohne Präsenz kann kein Raum gehalten werden.

Das Halten und Loslassen

Der Vaterleib hält – aber er hält nicht fest. Er weiß, wann es Zeit ist, loszulassen. Dieser Balanceakt zwischen Kontrolle und Hingabe ist eine große Qualität der sechsten Kraft. Sie lehrt uns, dass wahre Größe nicht darin liegt, Dinge zu besitzen, sondern sie zu begleiten, bis sie bereit sind, ihren eigenen Weg zu gehen.

Begleitung von Entwicklungsprozessen

Der Vater begleitet die Entwicklungsprozesse seiner Kinder auf eine stille, fast unsichtbare Weise – wie ein stabiler Anker, der in der Tiefe Halt gibt, während das Schiff darüber in den Wellen des Lebens navigieren lernen und wachsen kann. Und wenn die Zeit gekommen ist, lässt er los – nicht aus Gleichgültigkeit, sondern aus Vertrauen. Denn er weiß: Nur in der Freiheit können Kinder zu Erwachsenen werden, die ihren eigenen Platz in der Welt finden und ihren eigenen Weg gehen.

6.3. Die Dynamik des Schöpfungsprozesses

Die sechste Kraft ist der unsichtbare Faden, der Inspiration und Manifestation miteinander verbindet. Der Prozess beginnt mit einem geistigen Impuls – einer Idee, einem Funken, einem Samen. Dieser Impuls fällt in den Raum der sechsten Kraft, wo er geschützt und genährt wird. Stell dir diesen Raum wie einen Mutterleib vor: warm, sicher, ein Ort, an dem alles möglich ist.

In diesem Raum geschieht die Magie der Transformation: Aus Energie wird Materie, aus Gedanken werden Formen. Die sechste Kraft ist das Gefäß, in dem sich die Energie sammelt und verdichtet. Es ist ein langsamer, stiller Prozess, der Geduld und Hingabe erfordert. Der Vaterleib ist nicht der Schöpfer selbst, er ist das Werkzeug, durch das die Schöpfung geschieht.

Doch seine Aufgabe endet nicht mit der Geburt. Denn der Vaterleib weiß, dass jede Manifestation nur Teil eines größeren Zyklus ist. Sobald etwas geboren wurde, lässt er es los, um Platz für den nächsten Schöpfungsprozess zu schaffen. Diese Dynamik von Halten und Freigeben ist ein Schlüssel zur sechsten Kraft.

6.4. Beziehung und Verbindung in der sechsten Kraft

Der Vaterleib ist nicht nur ein Raum für Schöpfung, sondern auch ein Raum für Verbindung. In ihm können Beziehungen wachsen, Freundschaften gedeihen und Gemeinschaften entstehen. Doch diese Verbindungen sind keine Bindungen. Der Vaterleib lehrt uns, dass echte Verbundenheit nicht auf der Grundlage von Besitz entsteht, sondern auf der Grundlage von Präsenz.

In einer Beziehung, die von der sechsten Kraft getragen wird, geht es nicht darum, den anderen zu kontrollieren oder festzuhalten. Es geht darum, einen Raum zu schaffen, in dem sich beide frei entfalten können. Der Vaterleib ist ein Vorbild, von dem wir lernen können, in Beziehungen immer wieder loszulassen, ohne dabei die Verbindung zu verlieren.

Die sechste Kraft trägt das Fundament einer Menschheit, die im Einklang lebt. Sie erinnert uns daran, dass wir nur gemeinsam wachsen können, wenn wir einander Raum schenken. Der Vaterleib bewahrt diesen Raum – nicht für sich, sondern für das, was zwischen uns Menschen wachsen und entstehen möchte.

6.5. Die Herausforderungen der sechsten Kraft

Die sechste Kraft birgt neben ihren Gaben auch einige Herausforderungen. So kann zum Beispiel ihre größte Stärke, das Raum-Halten, leicht ins Festhalten umschlagen, wenn wir nicht wachsam sind.

Die Balance zwischen Halten und Loslassen

Das Halten ist essenziell für den Schöpfungsprozess, doch wenn es zum Festhalten wird, entsteht Starrheit. Es kann passieren, dass wir den Raum zu lange bewahren, weil wir Angst vor Veränderungen haben. Hier lehrt uns die sechste Kraft, dass Loslassen kein Verlust ist, sondern der nächste Schritt im Zyklus des Lebens.

Überforderung durch zu viele gleichzeitige Prozesse

Der Vaterleib kann viele Impulse in sich tragen, doch er hat auch Grenzen. Wenn wir versuchen, zu viel auf einmal zu halten, kann das zur Erschöpfung führen. Das erleben wir zum Beispiel in Momenten, wenn es scheint, als würde alles zugleich unsere Aufmerksamkeit verlangen. Die sechste Kraft erinnert uns daran, den Raum bewusst zu priorisieren und nur das zu halten, was wirklich wichtig ist.

Die Gefahr der Passivität

Die Langsamkeit der sechsten Kraft ist eine Stärke, doch sie kann auch in Trägheit umschlagen. Es gibt Momente, in denen das Halten zu einem Rückzug wird, zu einer Vermeidung, aktiv ins Leben einzugreifen. Hier fordert uns der Vaterleib auf, wachsam zu bleiben und uns bewusst zu entscheiden, wann es Zeit ist, zu handeln.

Emotionale Verstrickungen in Beziehungen

Da die sechste Kraft oft in Verbindung mit anderen Menschen wirkt, besteht die Gefahr, sich emotional zu verstricken. Wenn wir den Raum für andere halten, kann es passieren, dass wir ihre Energie übernehmen oder uns von ihren Emotionen überwältigen lassen. Der Vaterleib erinnert uns daran, einen Raum für andere zu bewahren, ohne dabei unsere eigene Stabilität zu verlieren.

6.6. Praktische Integration im Alltag

Raum schaffen

Finde einen ruhigen Ort, an dem du dich sicher fühlst, und stelle dir vor, dass um dich herum ein unsichtbarer Raum entsteht. Dieser Raum ist wie ein Kelch, der Energie aufnimmt und hält. Visualisiere, wie dieser Raum sich mit positiver Energie füllt. Spüre, wie du diesen Raum bewusst hältst, ohne ihn zu kontrollieren.

Bewusster Umgang mit Beziehungen

Denke an eine Beziehung, die dir wichtig ist. Reflektiere darüber, wie du den Raum für diese Person hältst: Unterstützt du ihre Freiheit oder versuchst du, sie unbewusst zu kontrollieren? Stell dir vor, wie du einen offenen Raum schaffst, in dem diese Beziehung sich natürlich entwickeln kann. Akzeptiere auch, dass Verbindungen manchmal Trennungen erfordern, um wieder wachsen zu können. Erkenne die Zyklen von Nähe und Distanz als natürliche Bewegungen des Lebens.

Langsamkeit und Geduld kultivieren

Wähle eine einfache Tätigkeit wie Kochen, Gärtnern oder Schreiben und widme ihr deine volle Aufmerksamkeit. Mache jede Bewegung langsam und bewusst. Spüre, wie die Langsamkeit dich in den Moment bringt. Die sechste Kraft lebt in dieser Präsenz.

Loslassen üben

Denke an etwas, das du festhältst – sei es ein Gedanke, eine Beziehung oder ein Ziel. Atme tief ein und stelle dir vor, wie du es in deinen Händen hältst. Mit dem Ausatmen öffne deine Hände und lass es los. Spüre, wie der Raum in dir frei wird. Loslassen ist keine Schwäche – es ist ein Akt der Liebe.

7. Kraft: Der Einsame Wanderer

Die Erfahrung

Ich verbinde mich mit der siebten Kraft und spüre sogleich eine Bewegung, die von tief in meinem Inneren ausgeht. Sie hat weder einen klaren Anfang noch ein klares Ende. Vielmehr ist es ein rhythmisches Kreisen, ein Strömen, das mich einhüllt und nach außen führt. Ich fühle mich, als wäre ich in die kleinsten Bausteine meines Seins eingebettet – wie in einem Atommodell, in dem die Teilchen unermüdlich um ihr Zentrum kreisen.

Auflösung und Verdichtung

Diese Bewegung ergreift mich und trägt mich fort. Es fühlt sich an, als würde mein Körper in unsichtbaren Spiralen emporgehoben. Mein Kopf wird leicht, während etwas in mir zu erwachen scheint. Mein Blick hebt sich, fast so, als würde ich die Welt von oben her betrachten – schwerelos und ein wenig losgelöst. Ich gleite durch Menschenmengen, doch es scheint, als würde niemand mich wahrnehmen. Ich bin präsent, aber in einer anderen, feinstofflichen Form – leise wie ein Flüstern, flüchtig wie ein Schatten.

Und dann sehe ich es: ein schwarzes Loch, tief und unergründlich. Es ruft mich, zieht mich an mit einer Kraft, gegen die ich nichts ausrichten kann. Ich versuche mich dagegenzustemmen, doch mir wird rasch klar, dass es keinen anderen Weg gibt, als mich darauf einzulassen. Und in dem Moment, in dem ich mich hingebe, umschließt mich die Dunkelheit und verschlingt mich Stück für Stück.

Um mich herum legt sich ein Netz, rau und grobmaschig, das mich gleichermaßen hält und einengt. Mit einer nie gekannten Intensität spüre ich meinen Körper – meine Arme, meine Beine, meinen Atem. Das Netz umspannt mich wie ein Raubtier, das seine Beute fixiert.

Ich fange an zu strampeln und zu kämpfen, doch je verzweifelter ich mich wehre, desto enger zieht es sich zusammen. Irgendwann gibt das Netz nach, und ich falle – oder besser gesagt, ich schwebe. Ich sinke schwerelos, als würde ich in die Tiefen eines unsichtbaren Ozeans gleiten. Die Welt wird still. Der Druck lässt nach, und ich finde mich auf dem Grund dieses Meeres wieder – umgeben von einer tiefen Ruhe, die mich auf merkwürdige Weise tröstet.

Die Vorbereitung auf dem Grund des Ozeans

Langsam richte ich mich auf, setze meine Füße in den sandigen Boden und blicke mich um. Im diffusen Licht tauchen Gestalten alter Ruinen vor mir auf. Sie zeugen von vergangenen Epochen, einst monumental, nun verfallen und vergessen. Mit den Fingerspitzen taste ich über kalten, von Algen überwachsenen Stein und spüre eine leise Ehrfurcht. All das, was Menschen einst errichtet haben, ist wieder zu Staub zerfallen. Ich ziehe meinen Hut, verneige mich vor dem, was war, und gehe weiter.

Aus der Tiefe erscheint ein Delfin, der sich mir nähert. Seine Augen strahlen voller Leben, und ohne Worte verstehe ich, dass er mir etwas zeigen möchte. Behutsam führt er mich in sein liebevolles Spiel hinein. Gemeinsam steigen wir immer höher, bis wir schließlich an die Wasseroberfläche gelangen. Das Licht trifft mich wie ein warmer Schlag. Ich sehe den strahlend blauen Himmel, höre das Summen der Luft und fühle die Energie des Lebens, die in allem vibriert.

Ich schwimme an Land und beginne zu wandern, das neue Land zu erkunden. Mein Weg führt mich über Felsen und durch weite, unberührte Landschaften. Schließlich gelange ich zu einem Hochplateau, einem Ort, der sich wie das Ende und der Anfang zugleich anfühlt. Hier empfange ich die siebte Kraft.

Mein Leben in Reichtum und Ruhm

Zuerst ist es ein Flüstern, ein Ziehen an den Fingerspitzen, das sich wie ein Strom in meinen Körper ergießt. Doch rasch nimmt es zu. Es ist, als würde eine dickflüssige, braune Substanz durch mich hindurchfließen. Sie macht mich schwer und durchdringt jede Faser meines Körpers, bis ich nicht mehr stehen kann. Ich lasse mich auf den Boden sinken und ergebe mich dieser Schwere. Mein Blick fällt nach innen, und ich beginne mich zu erinnern.

Bilder steigen in mir auf, zuerst verschwommen, dann klar: Ich war einst ein Herrscher, ein Mann, der über Völker und Reichtümer gebot. Meine Paläste glitzerten, mein Name wurde in Lobliedern besungen. Doch inmitten all dieses Glanzes fühlte ich eine Leere, die keine Menge an Gold füllen konnte. Ich kostete die Freuden der Macht, die Verlockungen des Besitzes, und dennoch spürte ich: All das ist nur ein flüchtiger Windhauch.

Es war diese Leere, die mich auf meinen Weg schickte. Ich ließ alles hinter mir – die Paläste, die Krone, sogar meinen Namen. Ich wurde zum Wanderer, ein Niemand in der Welt, und fand dabei eine Freiheit, die ich zuvor nie gekannt hatte.

Loslösen von der Vergangenheit

Mit jedem Schritt entfernte ich mich von allem, was mir vertraut war. Die breiten, sicheren Wege verblassten hinter mir, und vor mir breitete sich eine weite Landschaft aus – kahl, aber voller Versprechen. Ich war allein, doch die Einsamkeit fühlte sich nicht wie Verlassenheit an. Sie war ein Raum, der sich in mir ausdehnte, eine Stille, die mich umarmte und mir erlaubte, mein Innerstes zu hören.

Die siebte Kraft begann in mir zu fließen, still und mächtig zugleich. Sie verlangte nichts, zwang nichts auf. Sie öffnete die Tore zu einer Welt jenseits von Besitz und Verpflichtung, einer Welt, in der das bloße Dasein reichte. Ich fühlte, wie sich die Lasten der Vergangenheit lösten, wie alte Muster und Geschichten von mir abfielen, fast so, als würde ich mich häuten.

Ich erkannte, dass wir auf unserem Weg durch viele Räume wandern – Räume, die wir mit unseren Erfahrungen füllen, bis sie überquellen. In meiner inneren Schau konnte ich beobachten, wie einer dieser Räume immer größer wurde, bis er vor lauter Eindrücken schließlich zerbarst. Es passierte fast lautlos, doch unausweichlich.

In diesem Moment der Transzendenz fielen alle Schleier. Ich sah, wie dünn die Membran zwischen den Welten ist, spürte ihre Durchlässigkeit und wusste: Ich kann auf beiden Seiten wandeln. Die Trennung zwischen Diesseits und Jenseits löste sich auf – übrig blieb ein Spiel aus Licht und Schatten, Werden und Vergehen.

Es gab Zeiten, in denen dieser Kreislauf wie eine drückende Last auf mir lag. Die Sinnlosigkeit, oft ein stiller Begleiter, legte sich auf mein Herz und zog mich hinab in die Dunkelheit. Doch ich wusste: Auch sie war nur ein vorübergehender Schatten, der kam und ging, wie alles im ewigen Wandel.

Zurück im Hier und Jetzt

Ein leises Ziehen, fast ein Schmerz, holt mich zurück in meinen Körper. Ich spüre die kalte Härte des Granits unter mir und den weiten Raum, der sich über mir ausbreitet. Der Sternenhimmel scheint mir so nah, als wäre er ein Teil von mir, und die siebte Kraft durchströmt mich immer noch. Es ist, als ob die Unendlichkeit selbst sich in mir einnistet und mit jedem Atemzug weiter ausdehnt.

Ein schroffer Felsen ragt aus der kargen Landschaft vor mir auf. Seine Spitzen zeichnen sich klar gegen den Himmel ab. Ich setze mich auf seinen kühlen Rücken und lasse meinen Blick in die Ferne schweifen. Die Welt wirkt unendlich, ein offenes Feld voller Möglichkeiten. Doch ich verspüre keinen Drang, sie zu erobern oder zu durchqueren. An diesem Ort, in diesem Moment bin ich vollkommen. Hier bin ich frei.

Die Sterne über mir erzählen Geschichten von Ewigkeit und Wandel. Sie machen mir bewusst, dass alles Teil eines großen Ganzen ist, eines endlosen Zyklus aus Geburt, Blühen, Vergehen und Wiederkehr. Die siebte Kraft schenkt mir den Mut, loszulassen, mich dem Wandel anzuvertrauen, ohne mich darin zu verlieren.

Ich bin ein Reisender ohne Ziel

Ich bin ein Wanderer. Nicht, weil ich auf der Suche bin, sondern weil ich gefunden habe. Mein Weg ist kein Ziel, sondern ein Ausdruck von Freiheit. Jede Fußspur, die ich hinterlasse, wird vom Wind verweht, und doch trägt sie die Erinnerung an einen Augenblick voller Leben.

In diesem Moment ist mein Bewusstsein wie ein Funke, der im unendlichen Meer des Seins treibt. Ich kann zuschauen, wie dieser Funke langsam emporsteigt, unscheinbar und doch voller Kraft. Er hebt mich über alles hinaus, was ich je gekannt habe.

Von hier oben erkenne ich, wie das Leben selbst seine Kreise zieht. Ich sehe Kulturen aufblühen und vergehen, sehe Errungenschaften auftauchen und wieder verblassen. Ich sehe, wie all das, was wir Menschen erschaffen, Teil eines unendlichen Kreislaufs ist – ein Spiel aus Leben und Sterben, aus Entstehen und Vergehen.

Doch ich bin nicht mehr Teil dieses Spiels. Ich bin ein Wanderer, der zwischen den Welten schreitet, ein Reisender ohne Ziel, ohne Anhaftung. Ich breite meinen Schlafsack unter dem weiten Himmel aus, blicke hinauf zu den Sternen und spüre, wie meine Seele in die Grenzenlosigkeit hineinwächst.

Die siebte Kraft ist in mir erwacht, eine Kraft, die keine Grenzen kennt, keine Lasten trägt. Alles, was war, kann ich loslassen. Alles, was kommt, kann ich willkommen heißen. Ich bin ein Wanderer, frei und absichtslos. Es gibt nichts zu gewinnen, nichts zu verlieren. Ich bin angekommen. Ich bin, und das ist genug.

Der Einsame Wanderer - Die Erklärung

7.1. Die Essenz der siebten Kraft: Transzendenz

Die siebte Kraft steht für eine Transzendenz, die alles umfasst und uns von allen Anhaftungen befreit, die uns binden. Sie führt uns über die Grenzen des Greifbaren hinaus in eine grenzenlose Weite des Seins. Wenn wir bereit sind, die Fesseln der Vergangenheit zu lösen und uns dem Fluss des Lebens anzuvertrauen, öffnet sich ein Raum der Leichtigkeit und des Friedens.

Der Einsame Wanderer verkörpert diese Kraft. Er lebt zwischen den Welten – mit einem Fuß in der Welt der Begrenzungen, mit dem anderen in der Unendlichkeit. Er streift durch die Landschaften des Lebens, ohne sich an Besitz, Ziele oder eine feste Identität zu binden. Für ihn hat die Zukunft keine Bedeutung, nur der Moment.

Er lehrt uns, dass wahre Freiheit nicht erobert werden muss, sondern im bedingungslosen Vertrauen in die Existenz liegt. Seine Freiheit ist seine Botschaft an uns: Er zeigt uns, dass wahres Loslassen zur tiefsten Form des Friedens führt.

7.2. Loslassen und Befreiung

Die siebte Kraft offenbart eine Wahrheit, die im Alltag oft schwer zu greifen ist: Alles fließt. Jeder Moment vergeht, jede Form verändert sich, nichts bleibt für immer. Doch in diesem ständigen Wandel liegt eine tiefe Schönheit.

Der Wanderer erkennt diese Wahrheit nicht nur intellektuell, sondern lebt sie in jedem Schritt. Er hat gelernt, nicht an Widerstand oder Kontrolle festzuhalten, sondern sich von der Strömung des Lebens tragen zu lassen. Er durchschaut die Illusion der Beständigkeit und erkennt die Essenz hinter allen Erscheinungen. Alles kommt und geht – und darin liegt keine Bedrohung, sondern eine Befreiung.

Das Loslassen ist die zentrale Qualität der siebten Kraft. Es führt nicht zu einem Verlust, sondern zu einer Öffnung, zu einer neuen Durchlässigkeit. Es ist ein bewusster Schritt der Befreiung. Der Einsame Wanderer lehrt uns, dass wir uns selbst erst dann wirklich begegnen können, wenn wir bereit sind, alles andere loszulassen.

7.3. Der Kreislauf des Lebens

Das Leben ist ein ständiger Kreislauf von Geburt, Wachstum, Verfall und Wiedergeburt. Jeder Körper, jede Inkarnation ist ein eigener Raum, der mit Erfahrungen gefüllt wird, bis er seine Bestimmung vollendet hat. Dieser Kreislauf ist weder beliebig noch bedeutungslos – er ist das Fundament allen Seins. Der Einsame Wanderer erkennt die Rhythmen der Natur und nimmt sie an, nicht als Pflicht, sondern als eine Chance, tiefer zu verstehen.

Stell dir vor, das Leben ist wie ein Atemzug. Mit jedem Einatmen beginnt ein neuer Zyklus: eine Geburt, ein neuer Raum voller Möglichkeiten. Während der Atem sich ausdehnt, entfalten sich die Erfahrungen: Liebe, Schmerz, Freude, Verlust. Doch kein Atemzug kann ewig gehalten werden. Der Moment des Ausatmens kommt unvermeidlich, und mit ihm das Loslassen. Das Ausatmen markiert das Ende eines Zyklus, das Sterben eines

Raumes. Doch die Leere, die danach folgt, ist keine Leere des Nichts, sondern eine Weite, die das nächste Einatmen vorbereitet.

Der Wanderer sieht das Leben nicht als linearen Pfad, sondern als Spirale, die sich immer weiter nach innen und gleichzeitig nach außen windet. Jeder Schritt im Zyklus führt ihn tiefer in das Mysterium der Existenz. Jede Geburt ist eine Wiedergeburt, jedes Ende ein neuer Anfang.

In den Ruinen des Alten findet der Wanderer Ehrfurcht. Er weiß, dass kein Gebäude ewig steht, kein Körper ewig lebt, und dennoch ist nichts verloren. Die Energie des Vergangenen wird transformiert und in das Neue überführt. Der Wanderer erkennt, dass das Sterben kein Verlust ist, sondern eine Befreiung – es ist der Moment, in dem das Leben selbst ihn lehrt, sich zu erneuern.

So wandert er durch die Räume des Lebens: mal ein Neubeginn, mal ein Abschied – immer in der Gewissheit, dass der Kreislauf weitergeht. Er versteht, dass seine Seele nicht an einen einzigen Körper gebunden ist, sondern durch die Zyklen wächst, jedes Mal ein Stück freier, jedes Mal ein Stück näher an die Unendlichkeit.

7.4. Die Herausforderungen der siebten Kraft

Die siebte Kraft erfordert Mut. Sie stellt uns vor die schwierige Aufgabe, das Leben in seiner scheinbaren Sinnlosigkeit zu akzeptieren. Für viele Menschen ist Sinnlosigkeit ein Schreckgespenst. Sie suchen ständig nach einem Ziel, nach einem höheren Zweck, der ihrem Dasein Bedeutung verleiht.

Der Einsame Wanderer hat erkannt, dass das Leben keinen festgelegten Sinn braucht, um wertvoll zu sein. Sinnlosigkeit ist für ihn wie ein leerer Raum. Am Anfang mag sie beängstigend sein wie eine dunkle, kalte Höhle. Doch wenn wir uns ihr hingeben, beginnen wir zu spüren, dass diese Leere Freiheit bedeutet. Ohne den Druck, einen Zweck erfüllen zu müssen, wird das Leben leicht und weit.

Das Loslassen kann zu einer weiteren Herausforderung der siebten Kraft werden. Sie zeigt uns, dass wir alles, was wir aufgebaut haben (Besitz, Beziehungen, Selbstbilder), auch eines Tages wieder loslassen müssen. Das ist schmerzhaft, denn oft identifizieren wir uns mit diesen Dingen. Doch der Wanderer zeigt uns, dass der Schmerz ein Tor zur Freiheit sein kann. Je mehr wir loslassen, desto mehr entdecken wir, dass unser wahres Selbst nicht an den äußerlichen Dingen des Lebens hängt.

Der Wanderer hat diesen Schmerz durchlebt und transformiert. Für ihn ist Loslassen nicht mehr schwer und leidvoll, sondern ein natürlicher Teil des Flusses.

7.5. Der Einsame Wanderer als Archetyp und Lehrer

Der Einsame Wanderer ist mehr als ein Symbol – er ist ein Archetyp, der in vielen Kulturen auftaucht. In der indischen Tradition sind es die frühen Brahmanen, die als Wanderer und Lehrer durch die Welt zogen. Sie lebten ohne Besitz, ohne festen Wohnsitz, und suchten nach den tiefen Wahrheiten des Lebens.

Der Wanderer lehrt uns durch sein Sein. Er zeigt, dass wir nicht an den Dingen haften müssen, um sie wertzuschätzen. Er erinnert uns daran, dass das Leben in seiner Einfachheit oft am reichsten ist.

Die alten Brahmanen sagen: *„Das, was du wirklich bist, liegt jenseits von allem, was du besitzt oder erreichst."* Dieser Satz bringt die Essenz der siebten Kraft auf den Punkt. Freiheit bedeutet hier nicht, sich abzuwenden oder zu entfliehen, sondern mit offenem Herzen zu empfangen, was das Leben schenkt ... und es in Dankbarkeit loszulassen, wenn die Zeit gekommen ist.

Der Einsame Wanderer ist kein Held, kein Erlöser. Er ist ein Reisender, der in allem, was er tut, die Einfachheit des Seins lebt. Es gibt nichts zu erledigen, nichts zu erreichen. In dieser Absichtslosigkeit liegt seine große Weisheit.

7.6. Die siebte Kraft im kollektiven Kontext

In unserer modernen, schnelllebigen Welt wird die siebte Kraft immer wichtiger. Wir leben in einer Zeit, in der die Sinnsuche oft mit Rastlosigkeit verwechselt wird. Menschen streben nach Erfolg, Reichtum und Bedeutung, zumeist in der Hoffnung, den Sinn des Lebens in der Anhäufung von Dingen oder Errungenschaften zu finden. Doch diese Suche endet allzu oft in Enttäuschung und innerer Leere, da sie den Kreislauf des Lebens ignoriert und stattdessen auf Besitz und Kontrolle setzt.

Die siebte Kraft lädt uns ein, innezuhalten und eine tiefe Wahrheit des Lebens anzunehmen: dass nichts von Dauer ist und dass wahre Freiheit nicht im Erreichen, sondern im Loslassen liegt. Sie zeigt uns, wie wir in einer Welt voller Unsicherheit zur Ruhe kommen können.

Auch im kollektiven Rahmen können wir dieselben Kreisläufe erkennen. Unsere Welt befindet sich in einem Zustand ständiger Erneuerung: alte Systeme zerfallen, neue entstehen. Doch oft geschieht dieser Wandel in Schmerz und Konflikt, da wir uns an das Alte klammern und die Ungewissheit des Neuen fürchten.

Die siebte Kraft zeigt uns einen Ausweg aus dieser Zwickmühle. Sie bietet uns die Möglichkeit, mit Hingabe und Leichtigkeit durch diese Übergänge zu gehen, ohne Angst vor dem, was kommt und was vergeht. Wenn wir lernen, die Zyklen zu akzeptieren, können wir auch auf kollektiver Ebene eine neue Form des Miteinanders schaffen – eine Form, die auf Vertrauen, Verbundenheit und der Bereitschaft zum Loslassen basiert.

Loslassen wird so zu einer Aufgabe, die unsere ganze Gesellschaft betrifft. Und damit ist nicht nur gemeint, materiellen Besitz loszulassen, sondern auch alte Denkweisen, überholte Strukturen und das Bedürfnis nach Kontrolle. Nur so kann Raum für eine neue Welt entstehen, die aus dem Geist von Gemeinschaft und Freiheit erwächst.

7.7. Praktische Integration der siebten Kraft

Die siebte Kraft kann durch einfache Übungen erlebbar und erfahrbar gemacht werden:

Das innere Gefäß leeren
Schließe die Augen und stelle dir vor, dein Inneres sei ein Gefäß. Beobachte, wie es sich mit Erinnerungen, Gedanken und Gefühlen füllt. Und dann lass bewusst alles los und spüre die Freiheit, die durch das Ausleeren entsteht.

Loslassen im Alltag
Nimm dir jeden Tag vor, etwas loszulassen – sei es ein Gegenstand, ein Glaubenssatz oder eine festgefahrene Erwartung.

Die Freiheit der Stille

Setze dich an einen Ort, der dich inspiriert, und lausche der Stille. Spüre, wie sie dich trägt und füllt, ohne etwas von dir zu verlangen.

Das Licht der Vergänglichkeit feiern

Zünde eine Kerze an und betrachte die Flamme. Meditiere über ihre Vergänglichkeit und erkenne die Schönheit in diesem ständigen Wandel.

Vertrauen in den Fluss des Lebens

Stelle dir vor, du treibst auf einem Fluss. Spüre, wie er dich trägt, ohne dass du etwas tun musst. Lasse dich von diesem Bild entspannen.

8. Kraft: Das Tor zur wahren Größe

Die Erfahrung

Ich stelle mich auf Zehenspitzen und beobachte, wie die Umgebung um mich herum zunehmend zu leuchten beginnt. Ich spüre, wie mich das Licht umhüllt und immer heller wird, bis es alle Schatten in mir vertrieben hat. Es ist, als würde ein unsichtbarer Faden mich nach oben ziehen, mich sanft und doch unwiderstehlich emporheben.

Der Flug zum Baum des Lebens

Meine Füße verlassen den Boden, und plötzlich blicke ich von oben auf meinen kleinen Körper herab. Eine Welle von Leichtigkeit durchströmt mich. Ein sanftes Kribbeln breitet sich über meine Schultern aus, während sich langsam zwei zarte, durchscheinende Flügel entfalten. Sie öffnen sich mit einem feinen Hauch und tragen mich, fast schwerelos, immer weiter hinauf. Mein Herz beginnt zu schlagen, mein Körper zu vibrieren.

An meiner Seite erscheinen zwei große, mächtige Vögel, die mich zur achten Kraft bringen sollen. Ihre stille Autorität ist so anziehend, dass ich augenblicklich ruhig werde, mich ihnen wortlos anvertraue und hinforttragen lasse.

Wir fliegen über eine weite, raue Landschaft aus dunklem Lavagestein – ein pulsierendes, vulkanisches Land. Von einem dieser Vulkane steigt heißer Dampf auf, und ich spüre, wie die Hitze meinen inneren Widerstand auflöst, als würde sie all das verbrennen, was mich noch zurückhalten könnte.

Wir fliegen weiter über ein fruchtbares Tal und gleiten über ein kleines Dorf, ein Ort voller Einfachheit. Menschen verrichten ihre täglichen Arbeiten, während mich die Vögel noch höher hinauf geleiten, bis wir eine Anhöhe erreichen. Dort steht eine Kapelle, ruhig und einsam, flankiert von einem Baum, der sich majestätisch in den Himmel reckt. Es ist der Baum des Lebens. Seine Früchte leuchten wie kostbare Edelsteine, als wären sie aus reinem Licht geformt.

Die geheimnisvollen, heiligen Früchte

Die Vögel setzen mich sanft ab. Ich nähere mich dem Baum, erfüllt von einer tiefen Ehrfurcht. Die Früchte wirken auf mich wie weiche, leuchtende Nüsse, die ein strahlendes, weißes Inneres verbergen. Ich weiß, wenn ich sie esse, wird sich mein Bewusstsein, ja mein Leben verändern. Aber ich bin gekommen, um von dieser Frucht zu essen – von der Frucht des Lebensbaumes.

Ich beiße hinein, und mit jedem Bissen scheinen Schichten von mir abzufallen, als wären sie nie Teil von mir gewesen. Mein Körper wird durchscheinend, licht, und gleichzeitig spüre ich eine unbekannte und doch irgendwie vertraute Stärke und Größe.

Die Welt um mich herum wirkt seltsam transparent, und plötzlich steht die achte Kraft direkt vor mir, strahlend und erhaben wie ein Spiegel meines wahren Selbst. Doch ich kann ihr nicht direkt ins Gesicht sehen – etwas in mir hält mich zurück. Ich spüre meine Ängste aufsteigen, meine Zweifel, die mich lähmen. Sie sind wie Fesseln, die mich an meinen kleinen Selbstbildern festhalten. Für einen Moment fühle ich mich verloren und kann nicht begreifen, was mit mir geschieht.

Große Gestalten der Geschichte

Und dann kommen sie. Aus allen Richtungen tauchen Gestalten auf – große Persönlichkeiten der Geschichte, Geister, die sich in mir vereinen wie ein Chor von Stimmen, jede mit ihrer eigenen Melodie. Ich sehe Caesar, Alexander, Sokrates, Goethe, Osho und noch viele mehr. Jede dieser Figuren trägt ihre eigene Kraft, ihre Weisheit, ihre Größe in sich. Sie durchdringen mich, eine nach der anderen, und ich fühle, wie mein Körper wächst, mein Geist sich ausdehnt. Mit jeder neuen Gestalt werde ich weiter: Philosoph und Krieger, König und Lehrer zugleich.

Doch diese Größe hat ihren Preis. Mein Ego beginnt zu schreien, es sucht nach Kontrolle, nach Abgrenzung. Es möchte diese Kraft festhalten, sie definieren, sie besitzen. Ich sehe mich selbst als einen, der alles gewonnen hat und dennoch auf den Knien liegt, erschöpft vom ewigen Kampf gegen sich selbst.

„Wahre Größe liegt nicht im Kampf", flüstert eine Stimme in mir. *„Sie liegt in der Erkenntnis, wer du wirklich bist."*

Plötzlich erfasst mich eine Welle von Klarheit. Die Geister ziehen sich zurück, aber ihre Essenz bleibt. Ich spüre, wie sie sich in mir verankern, wie sie ein Teil von mir werden – nicht als Besitz, sondern als lebendige Verbindung. Ein neuer Raum öffnet sich in mir, eine tiefe Zentriertheit, eine innere Stille, die über allem steht, was ich je gekannt habe.

Rückkehr in eine neue Welt

Erneut heben mich die Vögel in die Lüfte, doch diesmal fliege ich gänzlich aus meiner eigenen Intention. Unter mir breitet sich die

Welt aus, und ich sehe sie mit neuen Augen: Alles leuchtet in einer ungekannten Lebendigkeit, als hätte ich zum ersten Mal wirklich zu sehen begonnen.

Neugierig wage ich die ersten Experimente mit der achten Kraft. Ich kann deutlich spüren, wie meine Präsenz den Raum durchdringt, in dem ich mich bewege. Es ist ein Gefühl, das mir fremd und doch vertraut erscheint, wie eine Fähigkeit, die ich immer besessen habe, aber erst jetzt bewusst wahrnehme.

Menschen, denen ich begegne, reagieren auf mich. Manche weichen zurück, eingeschüchtert von der Stärke, die ich ausstrahle. Andere fühlen sich angezogen, als wäre ich ein Magnet, der ihre Aufmerksamkeit auf sich zieht. Ich sehe mich in ihren Augen, erkenne die Wirkung, die ich auf sie habe – eine Wirkung, die still ist und doch unübersehbar. Anfangs genieße ich diese Wirkung. Es ist, als hätte ich eine neue Sprache gelernt, eine stille, unausgesprochene Sprache, die direkt ins Herz der anderen spricht.

Zweifel steigen auf

Doch mit der Zeit mischen sich Schatten in mein Empfinden. Unruhige, bohrende Gedanken steigen in mir auf: Ist diese Stärke wirklich meine? Oder ist sie nur eine Illusion, ein Traum, der mich in eine neue Form von Ego verstricken könnte? Die Zweifel wachsen. Sie sind wie feine Risse im Spiegel, der langsam zu zerbrechen droht. Was, wenn ich mich täusche? Was, wenn diese Größe nur eine Maske ist, ein Trugbild, das früher oder später entlarvt wird?

Ich spüre, wie meine innere Zentriertheit ins Wanken gerät. Mein Verstand sucht nach Halt, greift nach alten Mustern, die längst keinen Schutz mehr bieten. Schließlich setze ich mich hin, lege die

Hände auf mein Herz und schließe die Augen. In der Stille höre ich wieder die Stimme, die mich zuvor geleitet hat: *„Wahre Größe liegt in der Erkenntnis, wer du wirklich bist."*

Wer ich wirklich bin? Ich lasse mich von dieser Frage durchdringen, lasse sie auf mich einwirken. Zunächst fühlt sie sich offen und weit an, doch allmählich beginnt sie, mich zu leiten. Sie wird zu einem inneren Kompass, der mich durch die Schichten meiner Zweifel führt. Mit jedem Atemzug lasse ich mich tiefer in mein Inneres sinken.

Meine wahre Größe

Und dort finde ich sie, diese Kraft, diese unerschütterliche Flamme, die immer in mir gebrannt hat – verborgen unter all den Schutzschichten, die ich mit der Zeit aufgebaut hatte. Sie war nie fort. Sie hat nur darauf gewartet, dass ich mich erinnere.

Durch diese Erkenntnis kehrt Klarheit zurück. Die Zweifel beginnen sich aufzulösen wie Nebel im Sonnenlicht, und ich spüre meine Essenz, meine wahre Größe – nicht als etwas, das ich mir erarbeiten müsste, sondern als etwas, das einfach da ist. Sie ist in mir, still und kraftvoll zugleich, so selbstverständlich wie mein Atem.

Und mit dieser Klarheit steigt eine stille Freude in mir auf, eine Lebensfreude, die mich von innen heraus erfüllt. Ich öffne die Augen und sehe die Welt neu: Die Farben sind intensiver, die Luft klarer, und jeder Moment trägt eine Bedeutung, die ich zuvor nicht wahrgenommen habe.

Die Rückkehr nach Hause

Ich breite meine Flügel aus und lasse den Wind durch sie strömen. Das Gefühl der Freiheit ist überwältigend. Es ist, als könnte ich das Leben zum ersten Mal wirklich verstehen – nicht als etwas, das kontrolliert oder festgehalten werden muss, sondern als ein Geschenk voller unerwarteter Wunder.

Die Lebenslust durchströmt mich wie eine warme Welle. Ich beginne in der Luft zu kreisen, zu tanzen, zuerst zögerlich, dann immer mutiger. Meine Bewegungen sind nicht geplant, sie kommen einfach – fließend, mühelos, voller Lebendigkeit. Es gibt nichts mehr zu erreichen, nichts zu verlieren. Das Leben selbst ist ein ewiger Tanz, und ich bin ein Teil davon.

Am Ende dieser Reise erscheinen wieder die beiden Vögel, meine weisen Gefährten. Sie begleiten mich noch für eine Weile und setzen mich dann sanft auf der Erde ab. Ich stehe still, mit beiden Füßen fest auf dem Boden, doch nichts ist mehr wie zuvor. Die achte Kraft hat sich in meinem ganzen Wesen ausgebreitet, und ich fühle eine tiefe Dankbarkeit.

Das Tor zur wahren Größe - Die Erklärung

8.1. Die Bedeutung der achten Kraft

Die achte Kraft ist ein Schlüssel, ein Durchgang, der uns zu unserem authentischen Selbst führt. Sie ist kein Ort, sondern ein Zustand, eine Öffnung in eine Dimension von Authentizität und Präsenz. Wahre Größe ist kein Ziel, das man erreichen muss. Sie ist eine Wahrheit, die bereits in uns schlummert – ein inneres Potenzial, das darauf wartet, entdeckt und gelebt zu werden.

Das Tor zur wahren Größe verlangt von uns, dass wir die Hüllen ablegen, die wir uns im Laufe unseres Lebens angeeignet haben: das Ego, die Zweifel, die Angst, nicht genug zu sein. Es ist ein Prozess des Erkennens und des Loslassens, der uns immer tiefer zu dem führt, was wir wirklich sind.

Nachdem die siebte Kraft die Transzendenz erfahren hat und lebt, kehren wir mit der achten Kraft wieder voll zurück ins Leben – doch nicht mehr als das kleine Ich, sondern als ein Wesen, das sich in seiner ganzen Größe zeigen darf.

8.2. Die Eigenschaften der achten Kraft

Authentizität

Eine Grundlage der achten Kraft ist Authentizität. Doch was bedeutet das? Es ist die Fähigkeit, ganz in der eigenen Wahrheit zu stehen, ohne sich hinter Masken oder Rollen zu verstecken. Authentizität ist dabei nicht nur ein Verhalten, sondern ein Zustand des Seins, der durch Klarheit und Präsenz geprägt ist.

Selbst-Bewusstheit

Selbst-Bewusstheit bedeutet hier, die innere Flamme zu erkennen – diese unerschütterliche Essenz, die unabhängig von äußeren Umständen immer leuchtet. Diese Flamme wird oft von Ängsten, Zweifeln und falschen Selbstbildern verdeckt. Die achte Kraft lehrt uns, diese Schichten abzutragen, bis nur noch die pure Essenz übrig bleibt.

Zentriertheit

Sowohl der Zugang zur wahren Größe als auch ihre Essenz ist Zentriertheit. Es bedeutet, in der eigenen Mitte zu ruhen, unabhängig davon, was im Außen geschieht. Ein Mensch, der zentriert ist, wird weder von Lob hochgehoben noch von Kritik niedergedrückt. Er bleibt unverändert, wie ein stiller See, der die Welt um sich herum reflektiert, ohne selbst davon bewegt zu werden.

Wahre Zentriertheit entsteht, wenn du erkennst, wer du wirklich bist. Sie kommt nicht von außen, sondern aus der tiefen Verbindung mit deiner inneren Flamme. Diese Flamme ist immer da, sie braucht keinen Beweis, keine Anerkennung. Sie existiert, weil du existierst.

Ein zentrierter Mensch strahlt eine unerschütterliche Präsenz aus. Seine Worte müssen nicht laut sein, seine Taten nicht spektakulär – und doch hat alles, was er tut, Gewicht und Bedeutung. In der achten Kraft ist diese Zentriertheit die natürliche Lebenshaltung. Sie ermöglicht uns, in unserer Wahrheit zu stehen, ohne uns von den Vorstellungen oder Erwartungen anderer ablenken zu lassen.

8.3. Das Durchschreiten des Tores

Das Eintreten in die wahre Größe ist nicht immer einfach. Oft beginnt es mit einer Konfrontation – mit uns selbst, mit unseren Ängsten, mit den Bildern, die wir von uns tragen.

Die Geister großer Persönlichkeiten, die uns auf diesem Weg begegnen können, spiegeln die Qualitäten, die in uns schlummern. Ihre Stärke, Weisheit und Authentizität erinnern uns an unser eigenes Potenzial. Doch bevor wir diese Qualitäten in uns integrieren können, müssen wir uns mit unseren Zweifeln auseinandersetzen.

Selbst-Zweifel sind wie Schatten, die sich über unser Licht legen. Sie flüstern uns zu, dass wir nicht gut genug sind, dass wir scheitern könnten. Doch die achte Kraft zeigt, dass Zweifel nur dann Macht über uns haben, wenn wir sie für die Wahrheit halten. Wenn wir uns stattdessen auf unsere innere Flamme konzentrieren, lösen sich die Zweifel auf.

Das Durchschreiten des Tores ist ein Moment der Klarheit, in dem wir erkennen, dass wahre Größe nicht in Leistung oder Erfolg liegt, sondern in der Hingabe an das, was wir wirklich sind.

8.4. Die Geschenke der achten Kraft: Lebensfreude und Präsenz

Mit der Integration der achten Kraft öffnet sich ein Raum der Lebensfreude. Es ist eine Freude, die nicht von äußeren Umständen abhängt, sondern aus der tiefen Verbindung mit dem Leben selbst entspringt.

Diese Freude zeigt sich in allen Bereichen des Lebens, in Beziehungen, in Reisen, in der Kunst, in der Kreativität. Die achte Kraft lädt uns ein, uns auf jede Situation voll und ganz einzulassen und das Geschenk eines jeden Momentes nicht nur bewusst wahrzunehmen, sondern ihn vollends aufzusaugen, zu genießen. Dadurch entwickelt sich eine große Lust am Leben. Wir lernen, uns dem Leben anzuvertrauen und hinzugeben, mit unserem ganzen Sein, mit allen Sinnen, mit ganzem Herzen.

Präsenz ist ein weiteres Geschenk der achten Kraft. Menschen, die in ihrer Größe stehen, haben eine natürliche Ausstrahlung, die andere berührt. Sie müssen nichts tun, um Einfluss zu haben – ihre bloße Präsenz ist genug. Doch Präsenz ist keine Einbahnstraße. Sie fordert uns auf, bewusst mit anderen in Beziehung zu treten, uns spiegeln zu lassen und dabei immer wieder zu uns selbst zurückzukehren.

8.5. Herausforderungen und Schatten der achten Kraft

Die größte Herausforderung in der achten Kraft ist der Umgang mit dem eigenen Ego. Während die wahre Größe in der Verbindung zur inneren Wahrheit liegt, kann das Ego diese Größe in eine Illusion verwandeln.

Das Ego neigt dazu, Größe mit Überlegenheit zu verwechseln. Es will sich abheben, über anderen stehen, beeindrucken. Doch diese Art von „Größe" ist zerbrechlich, weil sie von äußeren Bestätigungen abhängt. Kritik kann sie zerstören, und Anerkennung lässt sie ins Unermessliche wachsen. Doch beides sind bloß Trugbilder, die die Realität vernebeln und uns wegführen vom authentischen Sein.

Eine weitere Täuschung des Egos ist das Gefühl, nicht gut genug zu sein. Hier zeigt sich die andere Seite der Medaille: Ein Mensch, der sich klein fühlt, sucht oft nach Bestätigung im Außen, statt in sich selbst seine wahre Größe zu erkennen.

Doch wie können wir diesen Täuschungen begegnen? Die achte Kraft fordert uns auf, wachsam zu bleiben. Sie lehrt uns, unsere innere Flamme immer wieder zu spüren und uns daran zu erinnern, dass wahre Größe nichts mit Dominanz oder Rückzug zu tun hat. Sie ist ein authentisches Sein, das nichts beweisen muss, sondern einfach ist.

Der Weg der achten Kraft ist ein Wechselspiel von Mut und Demut. Er verlangt Mut, für unser ganzes Potenzial zu gehen und Demut, uns dem hinzugeben, was das Leben mit uns vorhat. Er verlangt Mut, uns unseren Schatten zu stellen, und Demut, um die Wahrheit anzunehmen, wer wir wirklich sind.

8.6. Die achte Kraft im kollektiven Kontext

Die achte Kraft ist nicht nur ein persönlicher Schlüssel zur Authentizität, sondern auch eine Inspiration für das Kollektiv. Ein Mensch, der in seiner Größe steht, hat die Fähigkeit, andere zu berühren und zu transformieren, ohne es bewusst zu beabsichtigen.

Die achte Kraft bringt uns in Kontakt mit unserer Einzigartigkeit. Sie zeigt uns, dass wir keine Vorbilder im Außen brauchen, weil alles, was wir suchen, bereits in uns liegt. Menschen, die in dieser Kraft stehen, ruhen in ihrem eigenen Energiefeld. Sie kopieren nicht, sie vergleichen nicht – sie leben ihre Wahrheit.

Ein Mann der achten Kraft bewegt sich nicht in Gruppen, sondern gründet Gruppen. Er lebt nicht in Gesellschaften und Stämmen, sondern führt sie an. Aber diese Führung basiert nicht auf Macht, sondern auf Präsenz und Inspiration. Begegnet man einem solchen Menschen, spürt man sofort seine Autorität. Er ruft entweder Anziehung oder Ablehnung hervor, denn seine Authentizität fordert uns heraus, selbst unsere eigene Größe zu erkennen und anzunehmen.

Darüber hinaus ist die achte Kraft eine Quelle von Heilung für die moderne Gesellschaft. In einer Welt, die zu großen Teilen von Oberflächlichkeit und Konkurrenzdenken geprägt ist, eröffnet uns die achte Kraft eine neue Perspektive: Sie lehrt uns, dass wir nicht durch Anpassung oder Vergleich wachsen, sondern durch das tiefe Bewusstsein unserer Einzigartigkeit. Sie erinnert uns daran, dass wahre Stärke nicht im Wettkampf mit anderen liegt, sondern in der Verbindung mit uns selbst.

8.7. Praktische Integration der achten Kraft

Die achte Kraft kann durch gezielte Übungen und Reflexionen in den Alltag integriert werden. Hier sind einige Vorschläge:

Erkennen deiner inneren Flamme

Schließe die Augen und suche nach dem Ort in dir, an dem dein Licht besonders stark leuchtet. Fühle die Wärme und die Klarheit, die von deiner inneren Flamme ausgehen.

Übung zur Präsenz

Wähle eine alltägliche Situation (ein Gespräch, einen Spaziergang, eine Mahlzeit) und erlebe sie mit voller Aufmerksamkeit. Spüre, wie deine Präsenz den Moment verändert.

Übung zur Zentrierung

Suche dir einen ruhigen Ort und setze dich bequem hin. Wiederhole innerlich folgenden Satz:

„Mit jedem Ausatmen sinke ich tiefer in mein Zentrum." Beobachte, wie sich deine Energie verändert.

Erwecken deiner Lebensfreude

Schreibe jeden Tag drei Dinge auf, die dir Freude bereiten. Nehme diese Bilder tief in dich hinein. Lasse die Freude bewusst durch deinen ganzen Körper strömen und spüre, wie sie dich erfüllt.

Das Tor zu deiner wahren Größe durchschreiten

Visualisiere, wie du vor einem großen Tor stehst. Mit jedem Schritt, den du näher kommst, fallen Schichten von dir ab – Masken, Ängste, Zweifel. Schreite bewusst durch dieses Tor hindurch und fühle deine wahre Größe.

9. Kraft: Der Grenzgänger

Die Erfahrung

Ich sitze in der Dunkelheit. Es ist diese Art von Dunkelheit, die nicht nur um mich herum ist, sondern auch in mir. Ein fahles Licht flackert ab und zu durch den Raum, wie ein schwacher Herzschlag, der sich kaum zu leben traut. Der Alltag zieht an mir vorbei – grau, monoton, ohne Ecken oder Kanten, ohne Farben. Alles fühlt sich an wie ein endloser Kreislauf aus Aufgaben, die weder Sinn noch Bedeutung haben.

Die erste Grenzüberschreitung

Doch tief in mir brennt etwas. Es ist nur ein leises Ziehen, eine vage Ahnung, dass es mehr geben muss als dieses Gefängnis aus Gewohnheiten. Das fahle Licht wird stärker, schneidet eine Linie in die Dunkelheit, wie der Pinselstrich eines Künstlers auf einer schwarzen Leinwand. Und plötzlich sehe ich sie ... dort am Horizont: die Grenzlinie. Sie ist so klar und scharf, dass sie mir den Atem raubt. Ich weiß nicht, warum sie mich so anzieht, aber ich kann nicht anders, als auf sie zuzugehen. Meine Schritte werden schneller, bis ich schließlich laufe, renne. Und dann bin ich dort.

Mit einem einzigen Schritt überschreite ich die Linie, und in diesem Moment verändert sich alles. Es ist, als würde ein Blitz durch meinen Körper fahren, mich zerreißen und neu zusammensetzen. Die Dunkelheit weicht, und ein strahlendes Licht umgibt mich. Ich fühle mich leicht, als hätte ich eine Last abgeworfen, die ich mein ganzes Leben lang getragen habe, ohne es zu merken.

Ich blicke nach unten und sehe, dass mein Körper leuchtet. Es ist mein eigenes Licht, das aus mir herausströmt, wie Sonnenstrahlen, die durch eine Wolkendecke brechen. Ich atme tief ein, und zum ersten Mal spüre ich diese Freiheit, die in mir lebt. Ein Gefühl, das nicht von außen kommt, sondern immer schon in mir war.

Das Erwachen der Abenteuerlust

Die neue Welt hinter der Grenze, in der ich mich jetzt befinde, ist lebendig. Alles scheint in Bewegung, erfüllt von einem feinen, vibrierenden Pulsschlag. Sie ist voller Möglichkeiten, die nur darauf warten, entdeckt zu werden. Eine unbändige Neugier steigt in mir auf, eine Abenteuerlust, die mich nach vorne treibt.

Plötzlich erscheint vor mir eine weitere Grenze am Horizont, eine Linie, die das Ende dieser neuen Welt markiert. Und ich zögere keinen Moment. Ich laufe los, und mit jedem Schritt spüre ich, wie die Energie in mir wächst. Die Grenze kommt näher, und als ich sie erreiche, überspringe ich sie mit einem einzigen, kraftvollen Sprung.

Dahinter liegt wieder etwas Neues – ein neuer Raum, der noch weiter, noch heller ist. Ich beginne zu begreifen, dass jede Grenze nicht das Ende, sondern der Anfang von etwas Größerem ist. Es ist die pure Freude am Überschreiten, die mich antreibt. Jede Grenze, die ich hinter mir lasse, erweitert meinen Horizont, öffnet mir neue Perspektiven und lässt mich stärker werden.

Loslassen und Weiterziehen

Ich spüre, dass ich nirgendwo und an nichts gebunden bin. Kein Ort, keine Person, keine Erfahrung hält mich fest. Diese Freiheit fühlt sich an wie ein Tanz – ein Fließen, das mich von einer Welt zur nächsten trägt. Ich erinnere mich an einen Moment, als ich noch in der Dunkelheit war. Damals klammerte ich mich an Dinge, aus Angst, sie zu verlieren. Doch jetzt weiß ich, dass ich wahre Freiheit nur im Loslassen finden kann.

Ich komme an einen Ort, der wunderschön ist: ein Tal mit einem glitzernden Fluss, umgeben von saftigem Grün. Es wäre so leicht, hierzubleiben, mich niederzulassen und die Schönheit zu genießen. Aber die Grenze ruft mich, und ich weiß, dass ich weitergehen muss. Das Loslassen ist nicht schwer. Es ist keine Anstrengung, sondern eine natürliche Bewegung wie das Ausatmen. Ich fühle mich entbunden von allem, was mich einst gehalten hat, und gleichzeitig … bin ich mit allem verbunden.

Die Begegnung mit anderen

Meine Reise führt mich zu Menschen. Manche sind freundlich und neugierig, andere wirken misstrauisch oder sogar feindselig. Ein Mann tritt auf mich zu, seine Augen voller Verwunderung. *„Wie machst du das?"*, fragt er. *„Wie kannst du dich so frei bewegen?"* Ich lächle, aber ich habe keine Worte, um es zu erklären. Es ist kein Geheimnis, keine Technik – es ist einfach ein Zustand des Seins. Doch ich sehe, wie etwas in ihm aufleuchtet, eine Sehnsucht, die ihn zu seiner eigenen Grenze ruft.

Andere halten Abstand. Sie sehen mich an, als wäre ich ein Fremder, den sie nicht einordnen können. Manche wenden sich ab, als würde meine Anwesenheit etwas in ihnen aufwühlen, dem sie nicht begegnen wollen. Ich verstehe, dass die Kraft des Grenzgängers polarisiert. Sie inspiriert oder erschreckt, je nachdem, wie bereit jemand ist, sich seiner eigenen Freiheit zu stellen.

Der spontane Akt des Grenzüberschreitens

Das Überschreiten von Grenzen geschieht nicht geplant. Es ist ein spontaner Akt, wie ein unvorhergesehener Sprung ins Unbekannte. Manchmal geschieht es, wenn ich es am wenigsten erwarte – ein plötzlicher Impuls, der mich vorwärtstreibt, wie eine unsichtbare Hand, die mich leitet.

Ich lasse meinen Blick sanft nach innen fallen und sehe mich vor einer unsichtbaren Barriere stehen. Sie ist nicht physisch, sondern fühlt sich an wie eine Mauer in meinem Geist. Ich zögere, spüre die Angst, die mich zurückhalten will. Doch ehe ich mich versehe, ist es bereits geschehen: Ein Funke, ein Sprung, und ich bin auf der anderen Seite.

Jede Grenzüberschreitung hinterlässt Spuren – nicht nur auf der Haut, sondern tief in der Seele. Sie verändert mich, macht mich offener, mutiger, lebendiger. Ich beginne zu verstehen, dass die Grenzen, die sich immer wieder vor mir aufbauen, in Wirklichkeit keine eigene Existenz haben. Sie sind Illusionen, die nur darauf warten, überschritten zu werden.

Jede Grenze ist eine Einladung

Mit jeder neuen Grenzüberschreitung spüre ich, wie ich mich erweitere. Jede Grenze, die ich hinter mir lasse, ist wie ein Puzzle-Teil, das mich vollständiger macht. Ich beginne zu begreifen, dass die Grenzen mir dienen: Sie fordern mich heraus, bringen mich dazu, meine Ängste zu konfrontieren und über mich hinauszuwachsen.

Das Leben zeigt mir, dass es keine Grenzen gibt, die nicht durchbrochen werden können. Ich erinnere mich an eine Situation, als ich das erste Mal vor einer großen Gruppe sprechen musste. Mein Herz schlug schneller, die Stimme zitterte, und alles in mir wollte zurückweichen. Doch dann machte ich den ersten Schritt, atmete tief ein, und die Worte flossen. Plötzlich spürte ich: Ich kann das. Der Raum wurde heller, die Angst verwandelte sich in Präsenz, und am Ende fragte ich mich, warum ich mich jemals gefürchtet hatte.

Hinter jeder Grenze wartet nicht nur etwas Neues – hinter ihr warte ich selbst, in einer neuen, größeren Version. Diese Erfahrung zeigt mir, dass Grenzen oft nur in meinem Kopf existieren. Es braucht den Mut, sie zu betreten, und dahinter öffnet sich eine Welt voller Möglichkeiten.

Die Brücke zwischen den Welten

Mit der Zeit begreife ich, dass ich selbst zur Brücke werde. Ich bin der Grenzgänger, der zwischen Welten wandelt – zwischen Licht und Dunkelheit, zwischen Diesseits und Jenseits, zwischen dem Bekannten und dem Unbekannten. Meine Aufgabe ist es nicht, mich auf einer Seite niederzulassen, sondern den Übergang bewusst zu erleben und damit beide Seiten zu verbinden und zu erweitern.

Ich stehe an einer Grenze und blicke zurück auf den Weg, den ich gegangen bin. Die Dunkelheit, die mich einst gefangen hielt, ist nun verschwunden. An ihrer Stelle sehe ich ein Netz aus Erfahrungen, Verbindungen und Möglichkeiten, das im Licht schimmert.

Ich spüre, dass mein Leben kein Ziel braucht. Es ist ein Tanz, ein ewiges Fließen von einer Welt zur nächsten. Ich bin kein Gefangener der Vergangenheit, kein Planer der Zukunft. Ich bin einfach – frei, lebendig und wach.

Meine Reise hört niemals auf. Aber ich weiß, dass das Überschreiten von Grenzen ein ganz natürlicher Prozess ist, … wenn ich mich dem Leben anvertraue.

Der Grenzgänger - Die Erklärung

9.1. Das Erwachen der neunten Kraft – der Grenzgänger

Die neunte Kraft ist ein Aufruf zur Freiheit. Sie ruft uns dazu auf, die sicheren Mauern unserer Gewohnheiten zu verlassen und hinauszutreten ins Unbekannte. Der Grenzgänger ist ein Wesen der Bewegung. Wo andere Halt suchen, findet er Energie im Weitergehen. Er sieht die Grenzen nicht als Hindernisse, sondern als Einladungen. Jede Linie am Horizont, die das Ende zu markieren scheint, ist für ihn nur der Beginn von etwas Neuem.

Stell dir vor, du sitzt in einem Raum, dessen Wände du nie infrage gestellt hast. Der Raum ist bequem und sicher, doch irgendwann spürst du, dass etwas fehlt. Vielleicht fällt ein Lichtstrahl durch ein kleines Fenster, oder du hörst eine leise Stimme, die dich ruft. Es ist ein Hinweis darauf, dass es außerhalb dieses Raumes noch mehr gibt.

Genau in diesem Moment erwacht die Kraft des Grenzgängers. Sie weckt deine Neugier, lässt deine Sehnsucht wachsen und gibt dir den Mut, aufzustehen und nach der Tür zu suchen.

9.2. Die Dynamik des Grenzüberschreitens

Das Erkennen einer Grenze ist der erste Schritt. Für viele bleibt sie unsichtbar – eine stille Barriere, die uns zurückhält, ohne dass wir es bemerken. Doch der Grenzgänger spürt sie, wie ein leichtes Kribbeln, eine Unruhe, die ihn aufhorchen lässt. Es ist ein Gefühl, als würde etwas an ihm ziehen, ein innerer Ruf, der ihm zuflüstert: *„Hier gibt es noch mehr."*

Das Gefühl ist überwältigend: ein Mix aus Neugier, Angst und einem unwiderstehlichen Drang, hinauszugehen – wie ein Vogel, der sich an die Kante eines Astes wagt, um zum ersten Mal zu fliegen. Der Grenzgänger ist jemand, der die Schwelle überschreitet, nicht weil er muss, sondern weil er nicht anders kann.

Der eigentliche Akt des Grenzüberschreitens geschieht spontan, ohne lange Vorbereitung. Es ist ein Moment des Vertrauens, ein Sprung ins Unbekannte, der keine Garantie bietet – nur die Möglichkeit, zu wachsen.

Wenn der Grenzgänger eine Schwelle überschreitet, öffnen sich Türen zu neuen Möglichkeiten, neuen Perspektiven, neuen Welten. Es ist ein Schritt der Bewusstseinserweiterung, des Wachstums und der persönlichen Entwicklung.

9.3. Die Essenz des Grenzgängers: Abenteuerlust und Entbindung

Der Grenzgänger hat eine unstillbare Neugier auf das Leben. Er wird von einer tiefen Sehnsucht getrieben, das Unbekannte zu erforschen und neue Horizonte zu entdecken. Für ihn ist das Unbekannte keine Bedrohung, sondern eine Einladung. Es lockt ihn, wie die ersten warmen Sonnenstrahlen nach einem langen Winter dazu einladen, hinauszugehen und das Leben neu zu entdecken. Diese Lust auf Abenteuer führt ihn immer wieder aufs Neue an die Schwelle der bekannten Welt.

Das Überschreiten solcher Schwellen ist für ihn keine Anstrengung, sondern ein inneres Bedürfnis, ein Ruf, dem er folgen muss. Jede Grenzüberschreitung fühlt sich an wie ein Sprung ins kalte Wasser. Für einen kurzen Moment stockt der Atem, alles Alte fällt ab, und dann … eine neue Welt voller Möglichkeiten. Es ist, als würde man von einem Berggipfel aus ein Tal erblicken, das zuvor von Wolken verdeckt war. Der Grenzgänger lebt für diesen Moment der Weite, in dem die alte Welt hinter ihm liegt und die neue ihn mit offenen Armen empfängt.

Doch Abenteuerlust bedeutet nicht, kopflos ins Ungewisse zu springen. Es ist die Fähigkeit, die eigene Angst zu spüren und trotzdem voranzugehen – mit einem offenen Herzen und einem klaren Geist. Jede neue Grenze, die der Grenzgänger überschreitet, bringt ihm nicht nur neue Erfahrungen, sondern erweitert auch sein Verständnis von sich selbst und der Welt.

Doch der Grenzgänger ist noch mehr als ein Abenteurer. Seine Essenz geht tiefer. Er ist frei von Bindungen, die andere Menschen festhalten. Diese Freiheit, die Entbindung, ist das Herzstück seiner Kraft. Sie erlaubt ihm, loszulassen, ohne Verlust zu spüren.

Das bedeutet nicht, dass er nicht liebt oder sich nicht verbindet. Im Gegenteil: Seine Verbindungen sind tief und echt. Doch er hält nichts fest, weil er weiß, dass alles fließen muss. Wie ein Fluss, der sich durch die Landschaft windet, bleibt er immer in Bewegung, immer offen für das, was kommt. Der Grenzgänger weiß, dass jede Erfahrung wertvoll ist, aber keine ewig festgehalten werden kann. Er lässt los, um weiterzugehen, ohne Angst vor Leid oder Verlust.

9.4. Der Grenzgänger im sozialen Kontext

Die Freiheit des Grenzgängers ist für viele faszinierend, sie kann aber auch herausfordernd sein. Menschen, die ihm begegnen, spüren seine Leichtigkeit und seine Unabhängigkeit. Manche fühlen sich davon inspiriert, als würde ein verborgenes Fenster in ihrem

Inneren aufgestoßen. Andere fühlen sich bedroht, weil er ihnen mit seiner bloßen Präsenz einen Spiegel vorhält, der die eigenen Begrenzungen sichtbar macht.

Manche Menschen begegnen ihm mit Bewunderung. Sie sehen in ihm die Freiheit, nach der sie sich selbst sehnen, und seine Reise weckt in ihnen den Wunsch, ihre eigenen Grenzen zu überschreiten. Doch nicht alle sind bereit, sich ihren Grenzen zu stellen. Einige wenden sich ab, fühlen sich provoziert – nicht von seiner Erscheinung oder seinem Auftreten, sondern von der Sehnsucht, die er in ihnen weckt.

Der Grenzgänger lebt an den Rändern der Gesellschaft. Er ist ein Außenseiter, weil er die Regeln des Bekannten hinter sich lässt. Doch genau das macht ihn so inspirierend und besonders. Er bewegt sich zwischen Welten, verbindet das Bekannte mit dem Unbekannten und schafft Brücken, wo zuvor Gräben waren. Seine Fähigkeit, Grenzen zu überschreiten, ist nicht nur für ihn selbst von Bedeutung, sondern auch für die Welt um ihn herum.

In unserer westlichen Kultur, die traditionell von festen Strukturen und Sicherheitsdenken geprägt ist, hat der Grenzgänger eine besondere Bedeutung. Er erinnert uns daran, dass Wachstum nur durch Bewegung möglich ist. Der Grenzgänger sieht Grenzen nicht als Hindernisse, sondern als Portale zu neuen Möglichkeiten.

Diese Perspektive kann starre Systeme aufbrechen, Potenziale freilegen und neue Visionen entstehen lassen. Menschen, die die neunte Kraft verkörpern, bringen Bewegung in das Kollektiv. Sie inspirieren andere, ihre eigenen Grenzen zu hinterfragen und den Mut zu finden, darüber hinauszugehen.

9.5. Herausforderungen und Schatten der neunten Kraft

Der Weg des Grenzgängers ist faszinierend, aber er ist auch anspruchsvoll. Die Freiheit, die ihn antreibt, birgt Gefahren, denn sie verlangt nicht nur Mut, sondern auch Achtsamkeit.

Seine größte Herausforderung liegt darin, den feinen Unterschied zwischen Entbindung und Isolation zu erkennen. Entbindung ist ein Loslassen, das befreit. Isolation hingegen trennt ihn von den Verbindungen, die ihn nähren. Es ist leicht, in die Illusion zu verfallen, dass man niemanden und nichts braucht. Doch wahre Entbindung bedeutet nicht Isolation – sie ist eine bewusste Wahl, im Fluss des Lebens zu bleiben, ohne dabei die Verbindung zu sich selbst und anderen zu verlieren.

Außerdem wird der Grenzgänger auch immer wieder mit seiner Angst konfrontiert. Es ist die Angst vor dem Unbekannten, die Stimme, die ihn warnt: *„Bleib hier, wo es sicher ist."* Doch er hat gelernt, dass diese Angst nicht bezwungen werden muss – sie darf da sein. Sie ist ein Teil des Prozesses, ein Zeichen dafür, dass etwas Neues vor ihm liegt.

Eine weitere Herausforderung liegt in der Beziehung zu anderen Menschen. Der Grenzgänger bewegt sich oft am Rande der Gesellschaft, denn er lebt dort, wohin die meisten nicht zu gehen wagen. Diese Randstellung kann ihn sowohl stärken als auch isolieren. Manche bewundern seine Freiheit, andere fühlen sich durch seine Präsenz verunsichert. Nicht jeder versteht den Ruf, der ihn antreibt, und nicht jeder kann ihm folgen.
Die größte Gefahr des Grenzgängers ist die Versuchung, Grenzen um der Grenzen willen zu überschreiten. Wenn das Überschreiten

zu einer Flucht wird, verliert es seine transformative Kraft. Wahre Freiheit liegt nicht in der ständigen Bewegung, sondern in der natürlichen Balance zwischen Gehen und Bleiben, zwischen Erkunden und Verweilen.

Am Ende muss der Grenzgänger lernen, seiner inneren Kompassnadel zu vertrauen und zu folgen. Sie zeigt nicht nach außen, sondern nach innen und wird ihn immer wieder zu sich selbst zurückführen.

9.6. Praktische Integration der neunten Kraft

Die neunte Kraft kann durch einfache Übungen und Reflexionen im Alltag erlebbar gemacht werden. Hier einige Vorschläge:

Eigene Grenzen erkennen

Setze dich an einen ruhigen Ort und frage dich:
Wo in meinem Leben spüre ich eine Grenze? Was hält mich davon ab, sie zu überschreiten? Schreibe deine Antworten auf und überlege, wie du den ersten Schritt über diese Grenze setzen könntest.

Bewusstes Loslassen alter Bindungen

Wähle eine Sache in deinem Leben, die du der Vergangenheit übergeben möchtest – sei es ein Gegenstand, eine Erwartung oder ein altes Muster. Und dann lasse sie bewusst los. Spüre, wie es sich anfühlt, frei von dieser Bindung zu sein.

Neue Wege gehen

Experimentiere damit, Dinge zu tun, die jenseits deiner normalen Gewohnheiten liegen: zum Beispiel ein neues Hobby beginnen, das außerhalb deiner Komfortzone liegt oder ein ehrliches Gespräch führen, das du lange vermieden hast.

Die Abenteuerlust wecken

Plane eine kleine Reise in eine Umgebung, die dir unbekannt ist. Es muss keine große Aktion sein. Es reicht zum Beispiel aus, einen Spaziergang zu machen, der auf einer neuen Route liegt oder einen Ort zu besuchen, den du noch nie zuvor gesehen hast.

Reflexion über Grenzen

Denke an eine Grenze, die du in der Vergangenheit überschritten hast. Wie hat sich das angefühlt? Welche neuen Möglichkeiten haben sich dadurch eröffnet?

10. Kraft: Der Alltagsvisionär

Die Erfahrung

Der Schrei des Anfangs

Es beginnt mit einem Ur-Schrei – kein gewöhnlicher Laut, sondern ein urtümliches, alles zerreißendes Donnern. Es ist, als würde die Erde selbst ihren Atem anhalten, während der Schrei alles Alte in mir zerstört. Mauern, die ich einst für unüberwindbar hielt, fallen, und ein unerwarteter Raum öffnet sich vor mir. Dieser Schrei zieht mich in die Tiefe, reißt mich heraus aus der vermeintlichen Sicherheit des Bekannten und wirft mich auf den nackten Boden meiner Existenz.

Die Dunkelheit, die folgt, ist nicht leer, sondern schwanger mit Möglichkeiten, voller Verheißungen. Sie gleicht einer stürmischen Nacht, deren Blitze für flüchtige Momente den Himmel erhellen und mir zeigen, was ich werden könnte. Doch noch bin ich wie ein Samen in der Erde – voller Potenzial, aber gefangen in der Enge meines Geistes.

Loslassen und Ausdehnen

Plötzlich spüre ich eine Energie, die in mir aufsteigt. Es ist, als hätte jemand eine Lampe in mir entzündet, deren Licht von innen gegen die Mauern meines Seins drückt. Jede Zelle meines Körpers vibriert, jeder Gedanke wird zu einer pulsierenden Welle. Es ist eine Kraft, die mich zu überfluten droht, wenn ich versuche, sie in ihre Schranken zu verweisen, sie zu kontrollieren.

Ein Gedanke durchbricht den Sturm: *„Lass die Kontrolle los."* Und als ich mich entscheide, diesem Gedanken zu folgen, breitet sich augenblicklich eine Energie in mir aus. Sie durchströmt meinen Körper, erfüllt meinen Geist und strahlt weit über die Grenzen meines Seins hinaus. Es ist, als wäre ich eine Seifenblase, die gerade die richtige Spannung gefunden hat – schwebend zwischen Auflösung und Stabilität.

Die Antennen der Wahrnehmung

Meine Arme heben sich wie von selbst, und ich kann sie spüren: die Antennen der zehnten Kraft. Unsichtbar und doch unübersehbar stehen sie wie leuchtende Pfeiler zwischen Himmel und Erde. Sie empfangen das Flüstern des Universums und senden es zugleich zurück. Jede Welle, die durch sie fließt, bringt Bilder, Impulse, Visionen.

Ich sehe einen kleinen Jungen, der barfuß im Sommer am Straßenrand sitzt, versunken in sein Spiel. Sein Lachen ist rein, seine Welt unendlich. Gleichzeitig sehe ich mich als alten Mann in einem Schaukelstuhl, seine Augen voller Geschichten, die nie erzählt wurden. Diese Bilder sind nicht getrennt voneinander, sondern Teil eines einzigen Fadens, der Vergangenheit, Gegenwart und Zukunft zu einem Teppich verwebt.
„Du bist der Weber", flüstert eine Stimme. Und ich verstehe, dass es meine Aufgabe ist, die Fäden zusammenzuführen.

Der Weg des Trainings

Diese Fähigkeit, durch die Zeit zu reisen, das Unwesentliche auszublenden und die Essenz zu erkennen, kam nicht über Nacht. Es war ein mühsamer Weg des inneren Trainings, ein jahrelanges

Schärfen meiner Sinne. Ich erinnere mich an lange Stunden, in denen ich mit geschlossenen Augen lauschte, als wollte ich die Welt selbst atmen hören. In dieser Stille lernte ich, zwischen dem gewöhnlichen Lärm und dem Flüstern der Wahrheit zu unterscheiden.

Ich übte mich in der Kunst der Visualisierung, malte innere Bilder so lebendig, dass sie greifbarer schienen als die Wirklichkeit. Es war, als würde ich ein unsichtbares Instrument stimmen, und mit jedem Schritt wurde der Klang klarer, harmonischer. Es war nicht nur eine Fähigkeit, die ich erlernte, sondern ein tiefes Erinnern an etwas, das immer schon da gewesen war – eine Rückkehr zu einem ursprünglichen Teil meines Selbst.

Mit jedem Training wurde ich empfänglicher, fähiger, den Strom der Gedanken bewusst zu lenken. Diese innere Disziplin war nicht immer leicht, aber sie bereitete mich darauf vor, diese Kraft zu halten, die sich mir nun offenbarte.

Der Tanz mit der Zeit

Die Grenzen von Raum und Zeit lösen sich auf. Ich spaziere durch Erinnerungen, als wären es Landschaften und pflücke Momente wie Blumen – jede von ihnen erfüllt von einem Duft, der mir ihre stille Weisheit offenbart. Mit jedem Schritt tauche ich tiefer in das Gewebe des Lebens ein. Ich sehe, wie alles miteinander verbunden ist: Ein Gedanke hier erzeugt eine Welle dort, ein Gefühl dort schafft eine Bewegung hier.

Plötzlich stehe ich vor einem strahlenden Lichtmuster, einer geometrischen Form aus reiner Energie, die vom Himmel zur Erde fließt. *„Dies ist die Matrix der Schöpfung"*, sagt die Stimme. *„Hier* *erschaffen die Visionäre die Welt.*" Ich erkenne, dass diese Form nicht einfach nur Licht ist, sondern auch ein Portal – ein Übergang zwischen den Welten, zwischen Energie und Materie, zwischen Gedanken und Manifestation.

Die Schmiede der Manifestation

Während ich in diesem strahlenden Licht stehe, spüre ich in meinem Solarplexus einen Druck, als würde dort ein Feuer lodern, das mich gleichzeitig wärmt und auch verbrennt. Hier sammelt sich eine Energie, die sich entladen möchte.

Wenn ich sie in die Welt schicke, scheint sie alles einzunehmen, was sich in ihrer Nähe befindet. Sie dehnt sich unaufhaltsam aus, erfasst mein ganzes Umfeld. Von außen betrachtet mag das sehr intensiv erscheinen, manchmal sogar als bedrängend, nervig oder störend empfunden werden.

Und genau das ist der Moment, in dem ich vor einer entscheidenden Weichenstellung stehe: Wenn ich versuche, diese Kraft zu halten, wird sie zu einer Last, die mich niederdrückt. Doch wenn ich sie loslasse, strömt sie weiter, breitet sich aus und durchdringt die Welt, ohne sie zu manipulieren.

„Lass los", flüstert die Stimme. Und ich begreife: Diese Energie ist nicht dazu da, festgehalten zu werden – sie will sich entfalten, frei und ungehindert fließen. Es ist ein feiner Grat zwischen Kontrolle und Hingabe, und ich soll lernen, durchlässig zu werden: nicht zu besitzen, sondern weiterzuleiten, nicht zu kontrollieren, sondern zu vertrauen.

Das Feuer in meinem Solarplexus ist mehr als nur ein Brennen – es ist ein Schmieden. Hier, an diesem inneren Ort, verwandelt sich das Feinstoffliche in das Materielle. Ich spüre, wie Gedanken sich verdichten, wie Bilder, die in meinem Geist existieren, Form und Gewicht annehmen. Es ist ein Prozess von tiefer Präzision: Jeder Gedanke, der durch mich fließt, hinterlässt eine Spur in der Welt – sei sie sichtbar oder unsichtbar.

Denn es geht hier nicht nur um Materie. Die Energie, die durch diese Schmiede fließt, webt ebenso die emotionale und die geistige Ebene. Sie formt Beziehungen, schafft Verbindungen und lässt Welten in den Herzen der Menschen entstehen. Wenn ich es mir gelingt, diese Energie frei durch mich fließen zu lassen, bin ich ein Architekt des Unsichtbaren, ein Baumeister des Seins.

Der Übergang zur Freiheit

Doch bevor ich loslassen kann, bevor ich den Fluss geschehen lasse, tobt ein Sturm in mir. Es ist, als würde das Universum mich auf die Probe stellen, jede Faser meines Seins infrage stellen. Kann ich vertrauen, wenn alles in mir nach Kontrolle schreit? Kann ich mich öffnen, während mein Innerstes nach Schutz sucht?

Während ich diese Fragen in mir bewege, spüre ich, wie sich die Energie verändert, wie eine Klarheit entsteht und wie sich eine tiefe Wahrheit an die Oberfläche meines Bewusstseins schiebt: Die Energie, die mich niederdrückt, ist nicht mein Feind – sie ist mein Lehrer.

Jede Welle, die in mir tobt, möchte mich daran erinnern, dass ich Teil eines größeren Meeres bin. Und als ich diese Wahrheit anerkenne, fällt der Widerstand von mir ab. Ich werde still, und in dieser Stille geschieht das Wunder. Der Druck verwandelt sich in Wellen aus Licht, die durch mich hindurchströmen. Es ist, als hätte ich eine Tür geöffnet, die immer da war, aber verborgen lag.

Die Verantwortung des Alltagsvisionärs

Als die Energie sich beruhigt, bleibe ich in einem Zustand stiller Klarheit zurück. Ich sehe die Welt nicht mehr als etwas Getrenntes, sondern als Teil von mir. Jede meiner Gedankenwellen hat das Potenzial, diese Welt zu formen. Und mit diesem Wissen kommt eine Verantwortung, die wie ein sanftes Gewicht auf meinen Schultern liegt.

„Sei achtsam", sagt die Stimme. *„Denn was du sendest, wird gehört."*

Ich kehre zurück in den Alltag, aber nichts ist mehr wie zuvor. Die Welt ist lebendig, leuchtet in einem Licht, das ich vorher nicht wahrgenommen habe. Die Menschen, denen ich begegne, sind keine Fremden mehr, sondern Mitreisende in einem großen, gemeinsamen Traum.

Ich bin ein Visionär, aber nicht im klassischen Sinne. Ich baue keine Monumente, führe keine Armeen. Meine Arbeit geschieht im Stillen, auf den feinen Wellen der Gedanken und der subtilen Energien. Und doch weiß ich: Jeder Impuls, den ich sende, hat die Kraft, die Welt zu verändern.

Der Alltagsvisionär - Die Erklärung

10.1. Die Bedeutung der zehnten Kraft

Die zehnte Kraft lädt uns ein, Visionär zu sein – nicht in einem abgehobenen, außergewöhnlichen Sinne, sondern mitten im Alltag. Sie lehrt uns, die Welt nicht nur so zu sehen, wie sie ist, sondern wie sie sein könnte. Jeder Gedanke, jede Idee birgt das Potenzial, die Welt zu verändern. Der Alltagsvisionär erkennt dieses Potenzial und setzt es frei.

Es beginnt immer mit einer Idee. Manchmal ist sie wie ein leiser Windhauch, kaum wahrnehmbar und manchmal wie ein gewaltiger Sturm, der alles durcheinanderwirbelt. Der Alltagsvisionär ist derjenige, der diese Idee wahrnimmt, sie schützt und wachsen lässt, bis sie ihre volle Kraft entfalten kann. Doch seine Visionen entstehen nicht im luftleeren Raum. Sie entspringen einer tieferen Verbindung – einer Verbindung zur Welt, zum Geist und zum kollektiven Bewusstsein.

Die zehnte Kraft fordert uns auf, die unsichtbaren Fäden des Lebens zu spüren, die überall um uns herum gesponnen werden und mit ihnen zu weben. Sie lehrt uns, dass wir Mitschöpfer sind, mit einer Verantwortung für das, was wir in die Welt hinaussenden.

10.2. Die Antennen der Wahrnehmung

Stell dir vor, du hältst zwei unsichtbare Antennen in deinen Händen. Sie ragen hoch in den Himmel, fangen Signale ein, die sonst vielleicht niemand hört. Gleichzeitig senden sie Botschaften aus, die andere Menschen in deinem Umfeld tief berühren können. So funktioniert der Alltagsvisionär. Seine Antennen bestehen nicht aus Metall, sondern aus Sensibilität und Offenheit – Werkzeuge, die ihn mit dem Unsichtbaren verbinden.

Doch diese Antennen können auch Tücken haben. Sie empfangen nicht nur klare Botschaften, sondern manchmal auch ein Rauschen, das den Visionär verwirren kann. Dann tauchen die grundlegenden Fragen auf: Was ist wirklich wichtig? Was gehört zu mir und was nicht? Der Alltagsvisionär muss lernen, zwischen Impulsen zu unterscheiden, die aus seinem Inneren kommen, und solchen, die von außen auf ihn einprasseln. Das ist kein einfacher Prozess, aber ein essenzieller.

Die Antennen des Alltagsvisionärs stehen symbolisch für die Fähigkeit, fein wahrzunehmen. Er weist uns darauf hin, dass Offenheit nicht bedeutet, alles ungefiltert aufzunehmen. Es geht vielmehr darum, bewusst auszuwählen und gezielt zu senden.

10.3. Die Verbindung zur kausalen Ebene

Stell dir vor, du stehst vor einem riesigen, unsichtbaren See. Dieser See ist die kausale Ebene - eine Dimension, in der alles, was ist, seinen Ursprung hat. Gedanken sind wie Tropfen, die in diesen See fallen. Sie erzeugen Wellen, die sich ausbreiten und irgendwann in der sichtbaren Welt manifestieren.

Der Alltagsvisionär arbeitet bewusst mit dieser Ebene. Er weiß, dass jede Vision zunächst aus Gedanken besteht, die klar und fokussiert sein müssen. Gedanken sind Energie, und Energie folgt der Aufmerksamkeit. Wenn du dich darauf ausrichtest, im Einklang mit dem Fluss des Lebens, mit der Evolution der Schöpfung zu arbeiten, pflanzt du Samen, die sicherlich Früchte tragen werden. Doch ebenso wichtig ist es, diesen Samen Raum und Zeit zu geben, damit sie wachsen können. Visionen brauchen nicht nur Klarheit, sondern auch Geduld und Hingabe – wie ein Gärtner, der seine Pflanzen mit Sorgfalt pflegt.

Die große Kunst der zehnten Kraft besteht nicht nur darin, Visionen zu haben, sondern sie in die Welt der Materie zu pflanzen. Dieser Prozess ist nicht immer linear. Er erfordert, dass wir uns auf den Fluss des Lebens einlassen, der uns manchmal auf unerwartete Wege führt.

10.4. Das Spannungsfeld im dritten Chakra

Die Manifestationskraft des Alltagsvisionärs pulsiert im Solarplexus, dem Zentrum unserer Willenskraft. Hier wird entschieden, ob die Vision fließt oder blockiert wird. Kontrolle ist oft der erste Reflex. Was, wenn meine Idee nicht funktioniert? Was, wenn ich den Fokus verliere? Doch Kontrolle führt zu Enge, und Enge stört den Entwicklungsprozess. Die Manifestation gerät ins Stocken, wenn Energie nicht frei fließen kann.

Die Herausforderung besteht darin, durchlässig zu werden, statt die Energie festzuhalten. Loslassen ist keine Schwäche, sondern eine bewusste Entscheidung, sich dem Fluss der Dinge hinzugeben. So wie ein Fluss am kraftvollsten ist, wenn er frei strömt, bleibt auch die Energie der zehnten Kraft lebendig, wenn sie ihren Weg finden darf.

Geduld ist dabei ein Schlüsselfaktor. Die Vision zu halten, ohne sie zu erzwingen, erfordert innere Stärke und Vertrauen. Die Fähigkeit, loszulassen und dennoch den Fokus zu halten, ist eine Grundqualität, die der Alltagsvisionär im Solarplexus entwickeln muss. In diesem Spannungsfeld entsteht der Raum, den die Manifestation braucht, um sich zu entfalten und schließlich in die Welt hinausfließen zu können.

10.5. Verantwortung und Ethik: Was wir senden, wird gehört

Der Alltagsvisionär ist wie ein Radiomoderator. Alles, was er aussendet, erreicht andere. Gedanken, Worte und Visionen haben eine Wirkung, ob wir uns dessen bewusst sind oder nicht. Jede ausgesandte Energie ist wie ein Echo, das zurückkommt, und mit dieser Erkenntnis wächst die Verantwortung.

Die besondere Verantwortung der zehnten Kraft besteht darin, sich der eigenen Intentionen bewusst zu sein. Ist meine Vision klar? Dient sie dem Wohle anderer, oder ist sie von egoistischen Motiven getrieben? Gedanken können inspirieren, heilen und ermutigen – oder verwirren, zerstören und entmutigen. Der Alltagsvisionär fordert Ehrlichkeit und Achtsamkeit im Umgang mit der eigenen Schöpferkraft.

Hier kommt die Ethik ins Spiel. Sie ist keine Bürde, sondern eine Einladung zur Klarheit. Der Visionär erkennt, dass er Teil eines größeren Ganzen ist und dass seine Arbeit – ob sichtbar oder unsichtbar – immer eine Spur hinterlässt. Diese Erkenntnis ist nicht belastend, sondern befreiend: Sie erlaubt, bewusster und liebevoller mit den eigenen Impulsen umzugehen.

10.6. Die zehnte Kraft in der heutigen Welt

Die zehnte Kraft ist keine Kunst nur für Gurus oder bekannte Erfinder. Sie zeigt sich im Alltag, in den kleinen, leisen Momenten.

Ein Vater, der seinem Kind eine neue Perspektive schenkt. Eine Lehrerin, die ihren Schülern Mut macht, groß zu denken. Ein Nachbar, der durch ein freundliches Wort eine Brücke baut.

Die zehnte Kraft lehrt uns, dass Visionäre nicht immer laut oder sichtbar sein müssen. Sie arbeiten zumeist im Stillen und beeinflussen ihre Umgebung durch kleine, bewusste Handlungen und Gedanken. Diese kleinen, alltäglichen Manifestationen sind oft die Grundlage für Veränderungen, die langsam, aber nachhaltig wirken.

Alltagsvisionäre sind Menschen, die den Mut haben, anders zu denken, und die Geduld, ihre Gedanken Realität werden zu lassen. In einer Welt, die oft von schnellen Lösungen und oberflächlichen Trends geprägt ist, sind Visionäre wie Anker. Sie halten sich mit ihrer Klarheit und Tiefe verbunden und inspirieren die Menschen, ihrem eigenen inneren Licht zu folgen.

In einer Zeit, in der viele den Kontakt zu ihrer inneren Stimme und dadurch womöglich auch die Hoffnung verlieren, erinnert uns die zehnte Kraft daran, dass Veränderung immer bei uns selbst beginnt. Sie möchte uns inspirieren, die Welt nicht nur zu sehen, wie sie ist, sondern wie sie sein könnte … und den Mut zu haben, den ersten Schritt zu tun.

10.7. Praktische Integration der zehnten Kraft

Die zehnte Kraft lässt sich durch bewusste Übungen erwecken und entwickeln. Hier einige Anregungen, die dich unterstützen können, den Alltagsvisionär in dir selbst zu entdecken und seine Energie durch dich fließen zu lassen:

Die Schmiede im Solarplexus

Setze dich in einen ruhigen Raum und lege deine Hände auf deinen Solarplexus. Schließe die Augen und stelle dir vor, dass dort ein Feuer brennt – hell, warm und lebendig. Atme bewusst in diesen Bereich hinein und spüre, wie sich das warme Licht des Feuers mit jedem Atemzug ausdehnt. Fühle seine Kraft, aber auch seine Sanftheit und lasse sie durch deinen ganzen Körper strömen. Erlaube, dass dieses Licht in die Welt fließen darf und wiederhole innerlich: *„Ich lasse die Energie frei. Ich halte nichts fest."*

Visionen visualisieren

Nimm dir ein Blatt Papier und zeichne oder schreibe deine Vision für einen Aspekt deines Lebens, den du verändern möchtest. Male nicht nur, was du siehst, sondern auch, was du fühlst. Wie sieht diese Welt aus? Wie riecht sie? Welche Emotionen löst sie in dir aus? Lasse die Bilder vor deinem inneren Auge lebendig werden und nimm sie ganz in dich hinein. Spüre, wie sie in dir Wurzeln schlagen.

Der Faden des Lebens

Setze dich in die Natur oder an einen stillen Ort und stelle dir vor, dass du einen unsichtbaren Faden in deinen Händen hältst. Dieser Faden verbindet dich mit allem, was war, ist und sein wird. Spüre, wie sich dein Gedanke durch diesen Faden in die Welt ausbreitet. Jeder positive Gedanke wird zu einer Farbe, die das Netz des Lebens bereichert.

Resonanz erzeugen

Beginne deinen Tag mit der bewussten Frage: *„Was möchte ich heute in die Welt senden?"* Formuliere eine klare Intention, die wie eine Botschaft durch dich hindurchfließt – sei es Mitgefühl, Freude oder

Inspiration. Achte darauf, wie sich deine Umgebung im Laufe des Tages verändert, wenn du bewusst Resonanz erzeugst.

11. Kraft: Der Wahre Freund

Die Erfahrung

Alte Freunde

Ich fange an, mich zu drehen, wie ein Wirbelwind, um ein Energiefeld zu erzeugen. Wie ein Kind, das sich im Kreis dreht, solange bis die Welt um mich herum verschwimmt. Vor meinen Augen entsteht ein Lichtkreis, ein pulsierender Raum aus Energie. Langsam komme ich zur Ruhe und lasse mich in die Mitte dieses Kreises sinken. Unter mir spüre ich die warme Erde, das weiche Gras, das mich wie ein Bett empfängt. Der Duft von Blumen und feuchtem Boden erfüllt meine Sinne.

In diesem Moment scheinen die Grenzen zwischen mir und der Natur sich aufzulösen. Ich höre das Summen von Insekten, als würden sie mir Geschichten erzählen. Die Grashalme neigen sich sanft im Wind, und ich habe das Gefühl, dass sie mich ansehen, wie alte Freunde, die ich vergessen hatte. Hier, auf Augenhöhe mit der Welt, wird mir etwas bewusst: Ich bin Teil dieses großen Spiels. Die Erde hat mich willkommen geheißen, mir einen Platz in ihrem Kreislauf gegeben. Und eines Tages werde ich gehen und sie wird mich wieder aufnehmen.

Aber bis dahin – in diesem Zwischenraum, den wir Leben nennen – bin ich eingeladen, ihr Spielfeld zu beleben, ihre Gaben zu empfangen und zurückzugeben. Wahre Freundschaft beginnt hier, in diesem stillen Pakt zwischen mir und der Welt.

Auf Augenhöhe mit der Welt – das Leben in der Horizontalen

Erinnerungen steigen in mir auf, wie ich als Kind durch das Gras kroch. Mein Blick dicht über der Erde, jede Pflanze ein Wunder, jeder Käfer ein Geheimnis. Das Gefühl der Verbundenheit mit allem Lebendigen kehrt zurück – doch diesmal mit den Augen eines Erwachsenen. Ich stehe auf, strecke mich und gehe los. Mein Weg führt mich über endlose Felder, vorbei an verschlafenen Dörfern und schließlich hinein in die pulsierenden, lebendigen Strukturen einer großen Stadt.

Menschen strömen an mir vorbei, ihre Gesichter wie offene Bücher, die von Freuden und Sorgen erzählen. Die Gebäude ragen hoch auf, als wollten sie den Himmel erobern, und der Rhythmus der Straßen pulsiert im Takt der vorbeiziehenden Autos. Doch während alles um mich herum eilt und drängt, bleibe ich still – auf Augenhöhe mit dem Leben, das mich umgibt.

Hier, mitten im Trubel, wird mir klar: Es gibt keinen Grund, mich über die Welt zu erheben oder in ihr zu versinken. Alles hat seinen Platz. Die Blumen auf dem Balkon einer alten Frau, der Straßenmusikant mit seinem Lied, die Gesten eines Vaters, der sein Kind an die Hand nimmt – alles ist Teil eines großen Bildes. Und ich bin ein Pinselstrich darin, nicht mehr und nicht weniger.
Auf Augenhöhe mit der Welt zu sein bedeutet, sie zu sehen, wie sie wirklich ist – ohne sie zu idealisieren oder zu verurteilen. Es ist, als würde ich mit ihr in einem Dialog stehen, ein Gespräch, das sich mit jedem Schritt vertieft.

Meine Meditation im Alltag

Die Sonne sinkt tiefer, während ich meinen Weg fortsetze. Ich halte inne, um etwas zu trinken, und beobachte die Menschen um mich herum. Eine junge Frau lacht mit ihren Freundinnen, ein älterer Mann blättert in einer Zeitung. Diese Szenen sind unscheinbar, alltäglich – und doch, wenn ich sie wirklich anschaue, sehe ich ihre Schönheit, spüre ihre Heiligkeit.

In mir erwacht eine neue Tiefe der Wahrnehmung, die mein ganzes Sein durchdringt und mich in einen Zustand meditativer Präsenz führt. Dieser Zustand hat nichts mit Rückzug oder Abgeschiedenheit zu tun – er geschieht genau hier, mitten im Leben. Er entsteht, wenn ich einen Apfel schneide und den Duft seiner Frische in mich aufnehme, wenn meine Finger die feine Textur seiner Schale ertasten. Er ist da, wenn ich durch die Straßen gehe und jeden meiner Schritte bewusst wahrnehme, wenn ich atme, einfach nur atme und spüre, wie die Luft meinen Körper belebt und nährt.

Meine Meditation ist keine Flucht aus der Wirklichkeit. Sie ist eine Einladung, tiefer in sie einzutauchen – vollständig in der Realität anzukommen und sie mit allen Sinnen zu umarmen. Jeder Moment wird zu einem Raum der Begegnung: mit mir selbst, mit anderen, mit dem Leben. Und in dieser Begegnung wächst etwas Neues: eine tiefe, unerschütterliche Freundschaft mit allem, was ist.

Die Heiligkeit im Einfachen

Während ich gemächlich weitergehe, bleibt mein Blick an einem Stein hängen, der am Wegrand liegt. Er ist unscheinbar, abgerundet, vom Wetter gezeichnet. Aber als ich ihn aufhebe, fühle ich seine Geschichte: wie er einst Teil eines Berges war, wie Wasser und Wind ihn formten, wie er jetzt hier liegt, still und geduldig. Und in diesem Moment eröffnet sich mir eine Wahrheit, die größer ist als Worte: die Heiligkeit im Einfachen.

Berührt von dieser Erkenntnis, lasse ich meinen Blick in die Weite schweifen. Ein Baum, die sich sanft im Wind wiegt, ein kleines Lächeln, eine leise, kaum wahrnehmbare Bewegung – alles ist durchdrungen von dieser stillen Heiligkeit.

Es braucht keine außergewöhnlichen Ereignisse, keine großartigen Visionen, um das Leben in seiner Tiefe zu erfahren. Es reicht, hier zu sein, mit offenen Augen und offenem Herzen. Die wahre Freundschaft des Lebens zeigt sich darin, dass es nichts zurückhält. Es gibt uns alles, was es hat, in jedem Moment. Und es liegt an uns, es anzunehmen.

Hand in Hand – die Kraft der Verbundenheit

Ich setze meinen Weg fort, und plötzlich spüre ich eine kleine Hand, die sich in meine legt. Es ist ein Kind, das mich anschaut, voller Vertrauen und Neugier. Wir gehen nebeneinander, seine Schritte sind kurz und manchmal unsicher, aber wir passen uns einander an. Es zeigt mir eine gelbe Blüte, die es gefunden hat, und in diesem Moment merke ich, wie einfach und rein Verbindung sein kann. Wir brauchen keine Worte – nur die Berührung, das gemeinsame Gehen.

Wenig später löst das Kind seine Hand und läuft voraus. An seiner Stelle tritt ein Freund an meine Seite. Wir lachen zusammen, teilen Erinnerungen, und unser Gespräch wird zu einer Brücke, die uns noch enger verbindet. Mit ihm fühle ich mich sicher und geborgen, als könnten wir jede Herausforderung gemeinsam bewältigen. Diese Verbindung ist ehrlich, klar, ohne Masken.

Während wir weitergehen, schließen sich andere an. Ihre Hände legen sich in unsere, und plötzlich sind wir nicht mehr zu zweit, sondern eine wachsende Gemeinschaft. Eine Kette von Menschen, die einander Halt geben. Ich spüre die Kraft dieser Verbundenheit, die auf ganz natürliche Weise entsteht, ohne dass jemand sie erzwingen müsste.

Jeder Schritt ist ein Schritt für uns alle, und ich fühle mich wie ein Teil von etwas Größerem. Unsere Kette bewegt sich durch die Straßen, durch die Felder, durch das Leben. Es gibt kein Ziel, keinen Plan, nur den Moment, den wir miteinander teilen. Das ist die Stärke der elften Kraft: Sie schafft Verbindung ohne Bedingungen. Sie gibt uns Halt, ohne uns festzuhalten.

Der Wahre Freund

Am Ende des Tages sitze ich still und lasse die Reise in mir nachklingen. Ich spüre eine tiefe Ruhe, die sich wie eine warme Decke über mein Herz legt. Es war keine spektakuläre Abenteuerreise, kein Weg voller Höhen und Tiefen. Es war eine stille Heimkehr, eine Rückkehr zu den einfachen, grundlegenden Wahrheiten des Lebens.

Diese Reise hat mich gelehrt, dass die Freundschaft der elften Kraft bei mir selbst beginnt. Sie fordert keine großen Versprechen, keine Glaubensbekenntnisse oder Vertrauensbeweise. Sie führt mich einfach zurück zu dem, was wirklich zählt: Verbindung, Vertrauen und die Schönheit des einfachen Miteinanders.

Der Wahre Freund ist kein Held, der große Taten vollbringt. Er ist derjenige, der einfach da ist – ehrlich, direkt, verlässlich. Er lässt sich nicht blenden von Fassaden, nicht täuschen von Masken. Er steht zu mir, so wie er zu allem steht, was existiert.

Mit ihm kann ich Hand in Hand gehen, ohne dass Worte nötig sind. Seine Präsenz vermittelt mehr als Sprache es je könnte. In seiner Stille liegt eine Wahrheit, die mich trägt, die mich heilt und mich daran erinnert, wer ich wirklich bin. Es ist, als würde er sagen: *„Ich bin hier. Du bist hier. Und das ist genug."*

Der Wahre Freund - Die Erklärung

11.1. Die Essenz der elften Kraft

Manchmal begegnen wir einem Menschen, der uns ganz unverstellt ansieht – kein Urteil in seinen Augen, keine Erwartung. Er ist einfach da. Und in diesem Moment fühlen wir uns gesehen und angenommen, als wären wir in einen sicheren Hafen eingekehrt.

Die elfte Kraft erinnert uns an die Essenz von wahrer Freundschaft. Sie ist kein lautes, dramatisches Band, sondern eine stille, unerschütterliche Verbindung. Diese Kraft lehrt uns, wie wichtig es ist, präsent zu sein – für uns selbst, für andere und für die Welt.

Freundschaft ist keine Frage von großen Gesten oder Versprechen. Sie entsteht dort, wo zwei Wesen sich ehrlich begegnen, ohne Masken, ohne Erwartungen. Sie wirkt leise, fast unscheinbar und entfaltet sich in der Fähigkeit, in jedem Moment präsent zu sein, ohne zu bewerten. Daraus erwachsen Akzeptanz und ein Gefühl von Willkommen sein, die ein echtes Miteinander ermöglichen.

Doch der Wahre Freund ist mehr als nur ein Begleiter. Er ist ein Anker im Sturm des Lebens, eine Quelle von Stabilität, die uns fühlen lässt, dass wir nicht allein sind. Er hält stand, während die Winde toben, und bietet Halt, ohne etwas zu fordern.

Diese Freundschaft beginnt nicht beim anderen, sondern in uns selbst und in unserer Verbindung zur Welt. Wer Freundschaft mit der Erde, der Natur und dem Leben selbst schließt, schafft die Grundlage für authentische Begegnungen mit anderen Menschen.

11.2. Ein Leben auf Augenhöhe mit der Welt

Der Wahre Freund lebt in der Horizontalen – auf Augenhöhe mit allem, was existiert. Seine Freundschaft reicht weiter als die bloße Verbindung zwischen zwei Menschen. Sie ist eine innere Haltung, eine tiefe Anerkennung dessen, dass alles Leben miteinander verwoben ist. Es beginnt mit der Welt: mit der Erde unter unseren Füßen, mit der Luft, die wir atmen und mit den kleinen Wundern des Alltags, die wir oft übersehen.

Stell dir vor, du wanderst durch eine Stadt. Der Wahre Freund ist derjenige, der dir den kleinen Straßenmusiker zeigt, den andere übersehen. Er hebt eine Blume am Wegrand auf und reicht sie dir, einfach weil sie schön ist. Für ihn ist das Leben keine Bühne, auf der er sich beweisen müsste, sondern ein gemeinsames Abenteuer, in dem jedes Detail Bedeutung trägt.

Diese Form der Freundschaft ist nicht selektiv. Sie unterscheidet nicht zwischen dem Nahen und dem Fernen, dem Vertrauten und dem Fremden. Sie erkennt, dass wir alle Teil eines großen Netzwerks sind, das nicht von Besitz oder Bedingungen abhängt.

Eine Beziehung in diesem Sinne ist ein Akt der Offenheit, der Großzügigkeit – eine Einladung, die Welt in ihrer Ganzheit zu umarmen. Sie schafft Vertrauen und lädt andere Menschen ein, sich ebenfalls auf Augenhöhe zu begeben, ohne Hierarchie, ohne Masken. Hier beginnt die wahre Freundschaft – in der Fähigkeit, das Leben so anzunehmen, wie es ist, und andere so zu sehen, wie sie sind.

11.3. Präsenz halten: Meditation im Alltag

Der Wahre Freund ist kein Held, der große Versprechen macht oder außergewöhnliche Dinge tut. Er ist jemand, der bleibt – egal, wie die Umstände sind. Seine Stärke liegt nicht in seinem Handeln, sondern in seiner Präsenz. Er ist einfach da, ohne zu urteilen, ohne etwas zu erwarten. Genau dies sind die drei Grundqualitäten von Meditation: Präsenz, kein Urteil, keine Erwartung. Deshalb kann uns die elfte Kraft direkt in ein bewusstes, meditatives Leben führen.

Für viele Menschen bedeutet Meditation, sich aus dem praktischen Leben zurückzuziehen. Sie schließen die Augen, gehen in die Stille und versuchen, das alltägliche Treiben auszublenden. Die elfte Kraft bringt Meditation mitten ins Leben. Sie zeigt uns, dass es nicht darum geht, der Realität zu entfliehen, sondern sie in ihrer Ganzheit zu durchdringen.

Der Wahre Freund ist präsent in den alltäglichen Kleinigkeiten. Wenn er zum Beispiel eine Mahlzeit zubereitet, dann erlebt er diesen Prozess mit allen Sinnen: das Geräusch des Schneidens, der Duft der Kräuter, die Wärme des Herdes. Jeder Handgriff wird zu einem Ausdruck von Achtsamkeit. Diese Präsenz durchzieht sein ganzes Leben – in seinem Gehen, Lachen und Arbeiten. Er lebt jeden Moment, als wäre er ein Geschenk und lädt andere ein, dasselbe zu tun.

Diese Lebenshaltung ist so kraftvoll, weil sie uns mit dem Hier und Jetzt verbindet. In einer Zeit, in der viele von der Vergangenheit gejagt oder von der Zukunft gehetzt werden, zeigt uns die elfte Kraft, wie heilsam es sein kann, einfach mit dem zu sein, was gerade da ist.

11.4. Die Heiligkeit im Einfachen

Wir alle suchen nach dem Besonderen, nach dem Großen, nach dem, was unser Leben aufwertet und uns heraushebt. Doch die elfte Kraft zeigt uns, dass wahre Erfüllung und Glück meist in den kleinen, einfachen Dingen des Lebens liegen. Es ist nicht der glanzvolle Tempel auf dem Berggipfel, der uns mit der Welt verbindet, sondern der Moment, in dem wir einen Baum berühren, einem Kind in die Augen sehen oder den Rhythmus eines Regentropfens hören.

Diese Kraft hat nichts mit religiösen Dogmen oder spirituellen Konzepten zu tun. Für den Wahren Freund ist alles heilig, weil alles Teil der Schöpfung ist. Ein Stein am Wegrand trägt ebenso viel Bedeutung wie ein kunstvoller Diamant, … wenn wir bereit sind, ihn wirklich zu sehen.

Wenn wir die Einfachheit voll und ganz umarmen, öffnet sich unser Blick für eine tiefere Wahrheit. Wir hören auf, das Leben in Kategorien zu pressen – gut oder schlecht, schön oder hässlich. Stattdessen nehmen wir es einfach an. Und in diesem Annehmen liegt ein stiller Frieden, der uns mit der Welt versöhnt und uns ihre ganze Schönheit enthüllt. Denn das Einfache ist nicht weniger bedeutend, es ist die Grundlage von allem, was uns berührt, erfüllt und glücklich macht.

11.5. Direktheit als Spiegel der Wahrheit

Der Wahre Freund hat keine Angst vor der Wahrheit – weder vor der deinen noch vor seiner eigenen. Seine Worte sind klar, seine Haltung unverblümt. Er spricht die Dinge aus, wie sie sind, ohne sie zu beschönigen oder durch die Blume zu flüstern. Es ist seine Natur, die Dinge so zu benennen, wie sie sind. Das mag manchmal unbequem sein, aber es ist genau das, was seine besondere Qualität ausmacht.

Diese Direktheit konfrontiert dich mit Aspekten deiner selbst, die du vielleicht lieber ignorieren würdest. Und hier liegt das große Geschenk des Wahren Freundes. Seine Klarheit wirft dich immer wieder auf dich selbst zurück. Sie fordert dich heraus, dich nicht länger in Illusionen zu verlieren, sondern dich mit der Realität auseinanderzusetzen. Er hält dir einen Spiegel vor, ohne dass er es beabsichtigt. Seine Worte treffen nicht, um zu verletzen, sondern weil sie die Wahrheit berühren.

Das Schöne an dieser Direktheit ist ihre Unschuld. Sie entsteht nicht aus einem Gefühl der Überlegenheit oder aus einem Bedürfnis, andere zu belehren. Vielmehr ist sie Ausdruck einer tiefen Verbundenheit mit der Realität. Der Wahre Freund sagt, was er sieht, weil es für ihn nichts anderes gibt als das, was ist. Und das macht ihn zu einem kraftvollen Begleiter, der dir hilft, dich selbst besser zu erkennen. Er ist kein Ja-Sager, kein Schmeichler, sondern jemand, der dich mit der Wahrheit konfrontiert – in ihrer ganzen Kraft und ihrer ganzen Schönheit.

11.6. Der Wahre Freund als Brücke zwischen Menschen

In einer Welt, die oft von Spaltung und Misstrauen geprägt ist, ist der Wahre Freund ein stiller Brückenbauer. Seine Verbindungen entstehen nicht durch laute Worte oder große Gesten, sondern durch seine unerschütterliche Präsenz. Er hält eine Hand ... und dann noch eine, und plötzlich entsteht eine Kette, die stärker ist als jede Heldensaga.

Diese Verbindungen sind nicht erzwungen, sondern wachsen organisch. Der Wahre Freund trägt keine Maske, spielt keine Spielchen und strebt nicht nach Anerkennung. Seine Ehrlichkeit schafft ein tiefes Vertrauen, das Menschen einlädt, sich zu öffnen. Vertrauen ist der erste Schritt zu echter Verbindung. Menschen spüren: Hier ist jemand, auf den sie sich verlassen können.

Doch seine Einladung ist niemals eine Forderung. Der Wahre Freund lässt Raum – Raum, um sich zu zeigen, wie man ist, frei von Urteilen und Erwartungen. Diese bedingungslose Akzeptanz ist die Grundlage jeder Brücke, die er baut.

Wenn Menschen zusammenkommen, entsteht etwas Größeres. Eine Gemeinschaft, die von Vertrauen und gegenseitigem Halt getragen wird, ist wie ein lebendiger Strom, der alles durchwebt und verbindet. Der Wahre Freund bringt Menschen zusammen, nicht durch sein Engagement, sondern durch sein leuchtendes Beispiel von Offenheit und Ehrlichkeit.

11.7. Praktische Integration der elften Kraft

Die elfte Kraft kann durch einfache Übungen und bewusste Reflexionen im Alltag gestärkt werden. Hier sind einige Vorschläge:

Freundschaft mit der Welt erfahren

Gehe in die Natur und verbringe Zeit damit, bewusst zu beobachten. Lege deine Hand auf einen Baum, spüre die Textur seiner Rinde und lass die Energie des Baumes in dich hinein fließen. Atme die Luft ein und stelle dir vor, dass sie ein Geschenk der Erde ist – ein Akt von Freundschaft.

Präsenz im Gespräch

Übe, deinem Gesprächspartner wirklich zuzuhören, ohne ihn zu unterbrechen oder mit deinen Gedanken abzuschweifen. Sei voll und ganz präsent, mit deiner Aufmerksamkeit und deinem Herzen.

Die Freundschaft mit dir selbst stärken

Stelle dich vor einen Spiegel und schaue dir in die Augen. Sage dir selbst: *„Ich bin da für dich. Du bist genau richtig."* Spüre, wie sich diese Worte anfühlen, und wiederhole sie täglich.

Beziehungen Raum geben

Denke an eine Beziehung, in der du vielleicht zu viel kontrollierst oder festhältst. Frage dich: Kann ich dem anderen Raum geben? Kann ich ihm seine Freiheit lassen, ohne unsere Verbindung zu verlieren? Visualisiere, wie du diese Beziehung von unnötigen Erwartungen befreist.

12. Kraft: Der Krieger des Lichts

Die Erfahrung

Das Licht breitet sich aus

Es beginnt mit einem Funken. Erst ist es nur ein leises Glimmen, kaum mehr als eine Ahnung. Doch dann breitet sich das Licht aus wie Wasser, das eine Wüste überflutet. Der Raum um mich erhellt sich, ein kristallklares Leuchten erfüllt jede Ecke. Es fühlt sich an, als würde die Luft selbst lebendig werden, durchdrungen von reiner Energie.

Das Licht ist nicht nur um mich, es ist in mir. Ich spüre, wie es in jede Zelle meines Körpers dringt, ein Kribbeln, das mich bis ins Innerste erfasst. Ich kann nicht anders, als stillzustehen, während diese Kraft mich durchflutet. Die zwölfte Kraft ist in mir präsent und mit ihr eine Klarheit, die ich zuvor nie gekannt habe. Alles, was ich bin, scheint in diesem Moment gleichzeitig zu leuchten und zu verschwinden. Es ist, als wäre ich dabei, mich selbst neu zu definieren, als würde ich zu meiner Essenz zurückkehren.

Der innere Raum

Mit geschlossenen Augen lasse ich mich nach innen fallen. Meine Grenzen lösen sich auf, als hätte das Licht sie fortgespült. Mein Bewusstsein beginnt zu fließen, sich auszudehnen, bis es den ganzen inneren Raum erfüllt. Dieser Raum ist still und doch voller Leben. Ich kann die Kraft des Lichts spüren, die durch mich strömt, ein warmes, stetiges Strahlen.

In diesem Raum gibt es keine Trennung. Mein Körper, mein Geist, meine Gefühle – alles ist eins, ein harmonisches Ganzes. Hier kann ich frei atmen, ohne Eile, ohne Druck. Alle Sorgen, alle Zweifel lösen sich auf wie Nebelschwaden in der Sonne. Es ist ein Zustand völliger Klarheit, in dem nur noch Frieden bleibt.

Ich begreife, dass dieser innere Raum das Zentrum der zwölften Kraft ist. Es ist ein Ort ohne Grenzen, der alles umfasst. Je mehr ich mich darauf einlasse, desto stärker wächst das Licht in mir. Ich merke, wie es sich ansammelt, wie es sich auflädt und schließlich darauf vorbereitet, auszubrechen.

Die Schleuse öffnet sich

Und dann geschieht es. Die Energie in mir erreicht ihren Höhepunkt und eine unsichtbare Schleuse öffnet sich. Das Licht strömt heraus, nicht zerstörerisch, sondern wie ein warmer Sommerregen, der alles erfrischt, erneuert und verwandelt. Dieses Licht ist keine äußere Kraft – es ist meine eigene Wahrheit, meine Essenz, die endlich ihren Raum einnimmt.

Es fühlt sich an wie eine Sonne, die in mir aufgeht, die ihre Strahlen aussendet und alles erhellt, alles berührt: Bäume, Menschen, die Erde selbst. Überall, wo das Licht hinkommt, bringt es etwas Neues hervor. Es ist, als würde die Welt einen tiefen Atemzug nehmen, als würde sie aufwachen und sich an ihre eigene Wahrheit erinnern.

In diesem Licht gibt es keine Trennung mehr zwischen mir und der Welt. Es ist kein Geben und Nehmen, sondern ein reines Sein. Die Wahrheit ist nichts, was ich suche oder empfange – sie ist, was ich bin. Und in diesem Sein liegt eine Freude, die über Worte hinausgeht.

Die unausweichliche Kraft der Wahrheit

Als das Licht sich beruhigt, bleibt eine tiefe Stille zurück. Es ist keine Leere, sondern eine Stille, in der alles seinen Platz hat. Ich stehe da, umgeben von der Welt, aber unberührt von ihrem Treiben. Es ist ein Gefühl wie im Zentrum, im Auge eines Wirbelsturms. Die Welt tobt um mich herum, mit all ihrem Chaos, ihren Widersprüchen, ihren lauten Stimmen. Doch im Zentrum bin ich still. Die zwölfte Kraft hat mich in einen Zustand versetzt, in dem keine äußeren Umstände mich mehr aus meiner Mitte bringen können.

In diesem Zustand spüre ich, wie die Wahrheit durch mich strahlt, nicht als Botschaft, sondern als reine Kraft. Sie nimmt jeden Raum ein, durchdringt jede Grenze, wie ein Heer, das unaufhaltsam voranschreitet. Und doch fühlt es sich nicht wie eine Eroberung an, sondern eher wie ein Befreien.

Die Kraft der Wahrheit ist wie ein Licht, das in jeden dunklen Winkel vordringt. Sie braucht keinen Kampf, keine Beweise. Ihre Präsenz allein ist so überwältigend, dass sich alles, was nicht echt ist, verflüchtigt wie Rauch im Wind.

Dieses Licht, das mich durchdringt, lädt mich ein, mich ganz hinzugeben, mich völlig einzulassen. Es fordert nichts, es drängt nicht – es ist einfach nur da. Und seine Einladung ist klar und direkt: *„Sei so wie du bist. Lass die Masken fallen. Alles, was du brauchst, ist bereits in dir."*

Ein letztes Aufbäumen des alten Selbst

Die Worte hallen in mir wider, doch sie lösen nicht sofort Frieden aus. Stattdessen spüre ich einen Widerstand, ein letztes Aufbäumen meines alten Selbst. Es klammert sich an die gewohnten Muster, die ich so lange als Schutz empfunden habe – Muster, die mir Sicherheit vorgaukelten, selbst wenn sie mich einengten. Es ist, als würde ein Teil von mir verzweifelt versuchen, die Kontrolle zu behalten, auch wenn ich tief in mir weiß, dass diese Kontrolle längst eine Illusion ist.

Ich nehme einen tiefen Atemzug, doch der Widerstand bleibt. Ich fühle meine Angst, die Angst vor Veränderung, vor dem Unbekannten, vor dem Verlust dessen, was ich zu sein glaubte. Ich versuche, mein Bewusstsein zu sammeln und diese Angst anzunehmen, sie zu betrachten. Es ist schmerzhaft, doch das Licht gibt mir den Mut, hinzuschauen. Nach und nach wird mir bewusst, dass diese Angst nicht das Ende ist – sie ist ein Tor, das ich durchschreiten muss, um wirklich frei zu werden.

Mit jedem Atemzug kann ich spüren, wie mein Wesen sich wieder weitet und öffnet. Und dann geschieht es: Ich lasse los. Es ist, als würde ein schwerer Mantel von meinen Schultern fallen, den ich so lange trug, dass ich sein Gewicht kaum noch wahrgenommen habe. An seiner Stelle breitet sich ein stiller, warmer Frieden aus. Das Licht kann nun wieder ungehindert durch mich strömen, bis in jede Zelle meines Körpers.

Ich treffe die Entscheidung, die Wahrheit zu leben – nicht morgen, nicht irgendwann, sondern jetzt. Und mit dieser Entscheidung verändert sich alles. Das Licht wird zu einem ständigen Begleiter –

eine leise, unaufdringliche Präsenz, die mich durch die Welt führt. Ich spüre es in meinen Worten, meinen Handlungen und meinen Begegnungen mit anderen. Es gibt mir die Kraft, ehrlich zu sein, selbst wenn die Wahrheit unbequem ist. Es fordert keine Perfektion, nur Aufrichtigkeit.

Der Krieger des Lichts: Ein Wegweiser für andere

Ich begreife, dass mit dem Licht auch Verantwortung kommt. Menschen beginnen, sich um mich zu versammeln. Sie kommen nicht, weil ich sie rief, sondern weil sie das Licht spüren. Es ist, als würde die zwölfte Kraft sie anziehen, ihnen zeigen, was in ihnen selbst verborgen liegt. Ich sage nichts, und doch scheinen sie zu verstehen.

Ich bin ein Krieger des Lichts und in meiner Nähe finden die Menschen ihre eigene Wahrheit. Manche lachen, andere weinen. Einige bleiben still, als würden sie sich selbst zum ersten Mal begegnen. Aber es ist nicht meine Aufgabe, sie zu führen. Alles, was ich zu tun habe, ist da zu sein – ein Spiegel, der ihnen zeigt, was sie längst in sich tragen.

Diese Rolle empfinde ich nicht als Bürde, sondern als Geschenk. Es ist, als hätte die zwölfte Kraft mir die Fähigkeit gegeben, andere zu inspirieren, ohne auch nur ein Wort zu sagen. Und in dieser Aufgabe finde ich eine tiefe Erfüllung.

Reines Sein jenseits von Gut und Böse

Je länger ich in der Kraft verweile, desto deutlicher wird mir, dass sie keine Grenzen kennt. Sie existiert nicht in der Dualität von Gut und Böse, von richtig und falsch. Es gibt nur den Moment, das

Licht, die Wahrheit. Und in dieser Wahrheit liegt eine solche Fülle, dass ich spüre, wie sie alles durchdringt, jeden Atemzug, jeden Gedanken, jede Zelle meines Körpers.

Alle Konzepte, die ich in mir hatte, lösen sich auf. Es ist, als würde die zwölfte Kraft mich über alles hinausführen, was ich dachte, zu wissen. Ich bin einfach da, präsent, lebendig, ein Teil von etwas Größerem. Und in diesem Zustand verstehe ich, dass meine wahre Aufgabe ist: nicht zu kämpfen, sondern zu strahlen, nicht zu verändern, sondern zu sein.

Es ist, als hätte ich die Quelle von allem gefunden. Die zwölfte Kraft führt mich an einen Ort, an dem es kein Verlangen nach Erklärung mehr gibt, keine Notwendigkeit, irgendetwas zu verstehen. Hier ist nur Sein – reines, unverfälschtes Sein. Die Vergangenheit ist vorbei, die Zukunft noch nicht angekommen. Alles, was bleibt, ist das Jetzt. Und in diesem Jetzt liegt eine Vollkommenheit, die nichts braucht, weil sie alles ist.

Der Krieger des Lichts - Die Erklärung

12.1. Das Wesen des Kriegers des Lichts

Der Krieger des Lichts zieht uns sofort in seinen Bann. Er vereint Stärke und Klarheit, Präsenz und ein unaufhaltsames inneres Strahlen. Man könnte denken, er sei ein Kämpfer oder Eroberer. Seine wahre Stärke liegt jedoch nicht im Besiegen, sondern im Strahlen, nicht im Überwinden, sondern im Sein. Er ruht in seiner Mitte und strahlt von dort aus sein Licht in die Welt.

Doch dieses Licht ist keine persönliche Eigenschaft, sondern vielmehr eine universelle Dimension, die alles durchdringt. Der Krieger des Lichts lebt in dieser Dimension. Er trägt seine Wahrheit kompromisslos in die Welt, nicht als Behauptung, sondern als Ausdruck seines authentischen Seins.

Die zwölfte Kraft ist eine lebendige Kraft, die in jedem von uns steckt. Sie lädt uns ein, unser eigenes Licht zu entdecken und uns zu trauen, es in die Welt zu bringen. Sie erinnert uns daran, dass wir keine Helden sein müssen, um etwas zu bewirken und zu bewegen. Es reicht, wir selbst zu sein – in unserer Klarheit, in unserer Wahrheit, in unserem Licht.

Der Krieger des Lichts zeigt uns, wie einfach und kraftvoll es sein kann, in seiner Wahrheit zu ruhen. Er lädt uns ein, die Masken abzulegen, die Kämpfe loszulassen und einfach zu strahlen. Denn in diesem Strahlen liegt das Potenzial, die Welt zu verändern.

12.2. Seine unausweichliche Präsenz

Im Zentrum der zwölften Kraft steht eine unausweichliche Präsenz. Sie ist kraftvoll, unerschütterlich und doch vollkommen mühelos. Diese Präsenz ist nicht das Ergebnis von Anstrengung oder Willenskraft, sondern sie entsteht aus dem bedingungslosen Annehmen der eigenen Wahrheit.

Auf dieser Grundlage erwächst eine Zentriertheit, die den stärksten Naturgewalten trotzen kann. Es ist, als würde man im Auge eines Wirbelsturms ruhen – umgeben von Chaos, aber innerlich still und klar.

Eine solche Zentriertheit wirkt sehr anziehend auf das ganze Umfeld. Sie fordert nichts, sondern lädt ein. Sie ist nicht aufdringlich, sondern mühelos – ein natürlicher Ausdruck von Authentizität. Wer in die Nähe eines Kriegers des Lichts kommt, spürt automatisch die Einladung, die eigene Wahrheit zu suchen.

Seine Präsenz wirkt, ohne ein Ziel zu verfolgen. Sie ist einfach da, und genau darin liegt ihre Kraft. Sie erinnert uns daran, dass wir unsere Wahrheit nicht beweisen oder verfechten müssen. Wenn wir sie einfach leben, strahlt sie ganz von selbst in die Welt.

12.3. Licht als Symbol für die universelle Wahrheit

Wahrheit ist kein Konzept, das wir wählen oder verteidigen könnten. Sie ist ein Zustand, der so unausweichlich ist wie das Atmen. Der Krieger des Lichts lebt diese Wahrheit – nicht, weil er sie versteht, sondern weil er sie ist.

Die Kraft der Wahrheit kennt keine Grenzen. Sie breitet sich aus, nicht um zu erobern, sondern um zu befreien. Diese Wahrheit fordert keine Zustimmung, sie braucht keine Argumente. Sie ist einfach da, und in ihrer Gegenwart verschwinden Zweifel, Unsicherheit und Verstellung.

Die zwölfte Kraft zeigt, dass Licht das universelle Symbol für diese Wahrheit ist. Es erhellt, ohne etwas zu fordern. Es offenbart die Dinge, wie sie wirklich sind, und zeigt uns, was darunter verborgen liegt. So können wir die wahren Geschenke und Herausforderungen des Lebens erkennen und ihnen mit Offenheit und Ehrlichkeit begegnen.

Der Krieger des Lichts ist der lebendige Ausdruck unserer Hingabe an die Wahrheit. Er tritt ihr gegenüber, von Angesicht zu Angesicht, ohne zu zögern. Seine Präsenz nimmt uns die Angst vor dem Unbekannten, denn vor dem Licht kann sich nichts verstecken. Es durchdringt die Masken, die wir tragen, die Geschichten, die wir uns erzählen, und die Rollen, die wir spielen. Es bringt uns zu dem zurück, was echt ist.

12.4. Die reinigende Kraft des Lichts

Das Licht der zwölften Kraft trägt eine reinigende Energie in sich – eine Kraft, die sanft und beständig alles auflöst, was nicht mehr stimmig ist. Es gleicht einem klaren Strom, der alles mit sich nimmt, was den natürlichen Fluss des Lebens blockiert. Doch diese Reinigung ist kein gewaltsamer Prozess, sie geschieht nur, wenn wir bereit sind, uns dem Licht vollständig zu öffnen.

Wenn das Licht uns berührt, bringt es alles an die Oberfläche, was verborgen war: unsere Ängste, unsere Zweifel, unsere alten Wunden. Anstatt diese zu verurteilen, zeigt uns das Licht, dass sie nichts Bedrohliches sind, sondern nur Schatten, die aufgelöst werden können. Und wenn das Licht diese Schatten durchleuchtet, erkennen wir, dass sie nie wirklich eine Substanz hatten, dass es sich eigentlich um unerlöste Anteile, verzerrte Selbstbilder handelte, die unsere Aufmerksamkeit wollten.

Dieser Prozess braucht Zeit und Mut. Die reinigende Kraft des Lichts ist nicht immer angenehm, denn sie zeigt uns genau das, was wir am liebsten verstecken würden. Doch gerade darin liegt ihre transformierende Wirkung. Sie macht uns bewusst, dass wir nichts zu fürchten haben, solange wir bereit sind, unsere Wahrheit anzuschauen und anzunehmen.

12.5. Die zwölfte Kraft als Quelle der Inspiration und Wegweiser

Die Präsenz eines Kriegers des Lichts wirkt wie ein unsichtbares Magnetfeld. Menschen spüren seine Echtheit, seine Klarheit und fühlen sich von ihr angezogen. Doch der Krieger inspiriert nicht durch große Worte oder Taten. Was ihn ausmacht, ist nicht das, was er tut, sondern das, was er ist.

In seiner Nähe legen Menschen ihre Masken ab. Sie spüren, dass sie nichts beweisen müssen, weil sie in seiner Präsenz akzeptiert werden, wie sie sind. Der Krieger des Lichts manipuliert niemanden, fordert nichts ein. Er kreiert einen Raum, einen Heilungs-Raum, in dem jeder zu seinem eigenen Licht finden kann.

Dieser Heilungsraum führt uns über die Dualität hinaus. Gut und Böse, Licht und Dunkel, richtig und falsch – all diese Gegensätze verlieren ihre Bedeutung, wenn wir unsere Wahrheit erkennen. Und in dieser Erkenntnis liegt eine unglaubliche Befreiung.

Die zwölfte Kraft zeigt uns, dass es möglich ist, über alte Konditionierungen und Muster hinauszugehen und in einen Zustand zu gelangen, der jenseits von Moral existiert: ein Leben im Hier und Jetzt, im Licht.

Diese Kraft dient sowohl der individuellen als auch der kollektiven Entwicklung. Der Krieger des Lichts ist ein Wegweiser, nicht nur für Einzelne, sondern für die gesamte Evolution des Bewusstseins. Seine Präsenz kann Menschen inspirieren, größer zu denken, tiefer zu fühlen und ihren einzigartigen Platz im größeren Ganzen zu erkennen und einzunehmen.

12.6. Praktische Integration der zwölften Kraft

Der Krieger des Lichts lebt nicht in einer fernen, idealisierten Welt. Seine Kraft zeigt sich auch im täglichen Leben – in den kleinen, bewussten Momenten, die durch Klarheit und Präsenz geprägt sind. Hier sind einige Übungen, um die Verbindung zur zwölften Kraft zu stärken:

Die Wahrheit in Worten üben

Beginne deinen Tag mit der Intention, ehrlich und authentisch zu kommunizieren. Frage dich bei jeder Begegnung: *„Spreche ich aus meiner Wahrheit?"* Dabei geht es nicht darum, alles ungefiltert zu äußern, sondern mit Klarheit und Mitgefühl zu sprechen. Übe, deine Worte so zu wählen, dass sie heilsam und aufrichtig zugleich sind.

Dein Licht im Spiegel sehen

Stelle dich vor einen Spiegel und schaue dir in die Augen. Halte den Blick, auch wenn es unangenehm wird. Frage dich: *„Wer bin ich jenseits der Rollen, die ich spiele?"* Lasse das Licht in dir antworten. Diese Übung hilft dir, dich selbst mit Klarheit und Mitgefühl zu betrachten und den Krieger des Lichts in dir zu erkennen.

Einen Licht-Raum schaffen: Präsenz im Alltag

Nimm dir jeden Tag bewusst etwas Zeit, um in deiner Mitte zu ruhen, präsent zu sein. Das kann ein kurzer Moment vor einer schwierigen Aufgabe sein, ein bewusster Atemzug in einer stressigen Situation oder ein Spaziergang in der Natur. Visualisiere dabei, wie ein Licht-Raum um dich entsteht, der Klarheit und Frieden ausstrahlt. Spüre, wie sich dieser Raum auf dein Umfeld auswirkt.

Dankbarkeit für die Wahrheit

Bevor du schlafen gehst, erinnere dich an einen Moment des Tages, in dem du wahrhaftig warst – sei es in einem Gespräch, einer Entscheidung oder einem Gedanken. Schenke diesem Moment deine Dankbarkeit. Es hilft dir, die Kraft der Wahrheit bewusst wahrzunehmen und in dein Leben zu integrieren.

Ausklang: Der Weg in die Welt

1. Die Reise durch die zwölf Kräfte

Die Reise durch die zwölf Kräfte ist weit mehr als eine literarische Exkursion – sie ist eine Wanderung durch das Leben selbst. Vom ersten Atemzug, der uns mit der Welt verbindet, bis zum letzten Herzschlag, der uns wieder in die Ewigkeit entlässt, spiegeln diese Kräfte die Dynamik unseres Daseins wider.

Jede Kraft erzählt ihre eigene Geschichte. Es beginnt beim Ursprung, mit dem Archetyp des **Adam**, der die Verbindung zu den Anfängen des Lebens und der Schöpfung verkörpert. Von dort aus führt der Weg durch alle Landschaften des menschlichen Seins – durch Höhen und Tiefen, durch Herausforderungen und Transformationen bis hin zur Selbsterkenntnis und dem inneren Licht. Die letzte Kraft, **der Krieger des Lichts**, schließt den Kreis und offenbart, dass alle Kräfte Teil eines großen Ganzen sind.

2. Die Bedeutung der zwölf Kräfte im Alltag

Die zwölf Kräfte wollen nicht auf den Seiten dieses Buches bleiben. Sie sind lebendige Energien, die uns durchdringen und unser Leben auf eine tiefgreifende Weise berühren können. Ihre Magie entfaltet sich nicht nur in außergewöhnlichen Momenten, sondern gerade in den leisen, unscheinbaren Augenblicken, die unseren Alltag bilden.

Manchmal zeigt sich eine Kraft in einem offenen Gespräch, das direkt aus dem Herzen kommt. Ein anderes Mal spüren wir sie in einer Entscheidung, die wir mit Klarheit und Mut treffen. Es sind diese stillen, oft übersehenen Situationen, in denen die Kräfte sichtbar und erfahrbar werden. Sie begleiten uns in unseren Beziehungen, in unserer Arbeit und in unserem persönlichen Wachstum, indem sie uns ermutigen, authentisch zu sein und unserer inneren Wahrheit treu zu bleiben.

Jede der Kräfte hat ihre eigene, einzigartige Qualität – von der Stärke, die uns trägt, bis zur Verletzlichkeit, die uns verbindet. Sie schenken uns Mut, wenn wir vor Herausforderungen stehen, und Sanftheit, wenn wir uns selbst oder andere mitfühlend betrachten. In ihrer Vielfalt lehren sie uns, dass das Leben kein statisches Gebilde ist, sondern ein lebendiges Gewebe, das wir selbst mitgestalten dürfen.

Und doch fühlen sich viele Menschen gerade von diesem Gestaltungsraum abgeschnitten. Allzu oft erleben wir uns getrieben durch die äußeren Umstände, gefangen in einem Netz aus Verpflichtungen und Erwartungen. *„Ich würde ja gerne, aber ich kann nicht"* – wie oft haben wir diese Worte gedacht oder gesprochen?

Der Alltag erscheint uns dann wie eine Aneinanderreihung von Zwängen: die Anforderungen des Berufs, die Erwartungen der Familie, die gesellschaftlichen Normen und die endlosen Listen unerledigter Aufgaben.

Die zwölf Kräfte laden uns ein, diese Perspektive zu verändern. Sie machen uns bewusst, dass wir den äußeren Gegebenheiten nicht einfach ausgeliefert sind. Stattdessen dürfen wir die Welt als eine Bühne betrachten, auf der wir unser eigenes Stück inszenieren – mit unserer eigenen Wahrheit, unserer Kreativität und unserer einzigartigen Stimme. Sie erinnern uns daran, dass wir keine Statisten sind, sondern die Hauptdarsteller unseres Lebens.

3. Eine Vision für eine neue Männlichkeit

In einer Welt, die immer deutlicher nach Ganzheit und Heilung strebt, können die zwölf Kräfte eine neue Vision von Männlichkeit in die Welt tragen. Sie zeigen, dass Stärke und Sanftheit keine Gegensätze sind, dass Kontrolle und Hingabe sich ergänzen können und dass Authentizität der Schlüssel zu einem erfüllten Leben ist.

Diese Vision ist nicht exklusiv für Männer. Sie ist universell und gilt für alle, die bereit sind, ihre eigene Wahrheit zu leben und dadurch eine Welt mitzugestalten, die mit Sinn und Schönheit erfüllt ist.

Die Sehnsucht wächst,
die Liebe weitet sich.
Wir stehen an der Schwelle
zu einem Zeitalter von unermesslicher Schönheit.
Wie verschleiert müssen unsere Augen sein,
dass wir diese Wahrheit nicht sofort erkennen?
Was braucht es,
das Wunder des Lebens auch im Alltag zu spüren?
Gedanken, die befreien …
Worte, die beflügeln …
Handeln, das transformiert …

Seit Jahrtausenden wandeln wir durch die Zeit,
geblendet von unseren eigenen Ängsten,
getrieben von unserer eigenen Unsicherheit,
gepeinigt und geschlagen im Kampf mit unseren eigenen Schatten.
Seid willkommen im Strudel der Zeiten …
bereit alles loszulassen, was uns nicht gehört,
bereit alles aufzugeben, was uns fesselt,
bereit alles zu verlieren, was nicht frei ist.

Seid willkommen, ihr Schöpfer der neuen Männlichkeit.
Seid eingeladen, mit uns zu manifestieren,
was aus der Tiefe emporsteigen möchte.
Seid eingeladen, die Kräfte zu beleben,
die jenseits der alten Rollen liegen.
Seid eingeladen, eine neue Männlichkeit zu formen …
frei, kreativ, grenzenlos.
Ein Geschenk, das durch uns in die Welt geboren wird.

4. Einladung zum Mitgestalten

Dieses Buch ist nicht das Ende der Reise, es ist der Anfang. Es öffnet Türen, doch der Weg dahinter liegt in deinen Händen. Du bist ein wesentlicher Teil dieses Wandels, ein Mitschöpfer der neuen Welt, die durch die zwölf Kräfte inspiriert werden kann.

Deine Ideen, deine Visionen und deine Entscheidungen formen die Realität. Es geht nicht darum, etwas Großartiges zu vollbringen oder einem idealisierten Selbstbild gerecht zu werden. Vielmehr geht es darum, deine Stimme zu erheben und deine einzigartige Wahrheit einzubringen.

Die Geschichten, die du schreibst, die Entscheidungen, die du triffst, und die Verbindungen, die du knüpfst, sind von Bedeutung. Durch sie werden die Kräfte in dir lebendig und können durch dich wirken. Jede bewusste Handlung, jede noch so kleine Geste hat das Potenzial, die Welt ein Stück weit schöner und lichtvoller zu machen.

Die zwölf Kräfte sind ein Geschenk, das weitergegeben werden möchte. Sie leben in deinen Worten, deinen Taten und deiner Präsenz. Wenn du sie in deinen Alltag integrierst, trägst du dazu bei, ihre Weisheit, ihr Licht und ihre Heilkraft in die Welt zu verströmen.
Du bist ein Botschafter dieses Lichts, ein Mitgestalter der neuen Realität.

5. Der Weg in die Welt

Die Reise durch die zwölf Kräfte führt dich zurück zu deinem Ursprung, zurück zu dir selbst. Sie bringt dich an den Punkt, an dem du erkennst, dass alles, was du suchst, bereits in dir angelegt ist. Die Kräfte zeigen dir, dass du nichts werden musst, was du nicht schon tief in dir bist.

Doch diese Erkenntnis allein ist nicht das Ziel. Die Welt wartet darauf, dass du dein Licht nach außen trägst, dass du dich zeigst und die Wahrheit, die in dir lebt, mit anderen teilst. Es ist das Licht deiner Authentizität, das die Welt berühren, inspirieren und verwandeln kann.

Die zwölf Kräfte erinnern uns daran, dass wir nicht isoliert existieren. Wir sind Teil eines großen Ganzen, verknüpft in einem Netz aus Geschichten, Erfahrungen und Möglichkeiten. Deine Reise, deine Erkenntnisse und dein innerer Wandel sind bedeutsame Fäden in diesem Gewebe.

Dieses Buch ist der Anfang. Aber die Reise geht weiter …
und die Welt wartet auf dein Licht.

Über den Autor

Upchar Lutz Levi ist Heilpraktiker für Psychotherapie und Bewusstseinslehrer mit einem M.A. in Deutsch, Englisch und Sport, spezialisiert auf Lernpsychologie und Entspannungsarbeit. Seit Ende der 90er Jahre gibt er Einzelsitzungen, Workshops und Ausbildungen in den Bereichen: Meditation, mediale Wahrnehmung, Aura-Lesen, feinstoffliche Anatomie und Reisen in die Seelenebene. In dieser Zeit hat er viele Menschen auf ihrem Weg zu innerem Wachstum und spiritueller Erkenntnis begleitet.

In seiner Arbeit verbindet er die Weisheit und das Wissen aus langjähriger Praxis in verschiedenen spirituellen Schulen mit seiner eigenen, authentischen und existenziellen Erfahrung.

Er lebt sowohl allein in der unberührten Natur der Westküste Sardiniens als auch im Miteinander in den kreativen Schmelztiegeln München und Tübingen. Darüber hinaus folgt er seiner Leidenschaft als Weltenbummler auf regelmäßigen Reisen in ferne Länder und Kulturen. Diese Balance zwischen Rückzug, lebendiger Gemeinschaft und Abenteuerlust bildet die Grundlage für sein Wirken in dieser Welt.

Mehr über seine Arbeit unter: www.upchar.de

Die Nacht vergeht nicht durch Kampf,

sondern durch das Erwachen

eines neuen Morgens.

Du bist dieser Morgen.

Schlaf nicht wieder ein.

inspiriert von Rumi